本书出版得到德国合作机构“Deutsche Gesellschaft für Internationale Zusammenarbeit GmbH”的支持

新能源金融与环境金融前沿丛书

中国低碳金融发展报告2014

马晓明　蔡　羽 主编

北京大学深圳研究生院国际低碳研究中心
深圳市绿色低碳发展基金会

北京大学出版社
PEKING UNIVERSITY PRESS

图书在版编目(CIP)数据

中国低碳金融发展报告2014/马晓明,蔡羽主编. —北京: 北京大学出版社,2014.11

ISBN 978-7-301-24983-3

Ⅰ. ①中… Ⅱ. ①马… ②蔡… Ⅲ. ①气候变化—影响—金融市场—研究报告—中国—2014 Ⅳ. ①F832.5

中国版本图书馆CIP数据核字(2014)第234498号

书 名: 中国低碳金融发展报告2014

著作责任者: 马晓明 蔡 羽 主编

责 任 编 辑: 王树通

标 准 书 号: ISBN 978-7-301-24983-3/X·0069

出 版 发 行: 北京大学出版社

地 址: 北京市海淀区成府路205号 100871

网 址: http://www.pup.cn 新浪官方微博: @北京大学出版社

电 子 信 箱: zpup@pup.cn

电 话: 邮购部62752015 发行部62750672 编辑部62752038
出版部62754962

印 刷 者: 北京大学印刷厂

经 销 者: 新华书店

650毫米×980毫米 16开本 10印张 180千字

2014年11月第1版 2014年11月第1次印刷

定 价: 25.00元

《中国低碳金融发展报告2014》
编委会

主编：马晓明　蔡　羽

参与调研、编写人员（以姓氏笔画为序）

万　莉　王建辉　王　硕　王清华　计军平　石达菲　卢幸烨
包金梅　朱勇胜　朱继松　刘　燕　刘馥尔　许敬涵　孙　璐
李欣蔚　李　鑫　杨适豪　肖晓丹　吴海屏　余升文　应鸣岐
张泽宜　陈　栋　郁　洵　胡贝蒂　徐佳萱　黄　颖　蒋晶晶
粟　辉　薛利利

敬请各领导和专家提出宝贵意见。

通讯地址：马晓明 xmma@pku.edu.cn。

Editor-in-Chief: Ma Xiaoming, Cai Yu

Core Team

Wan Li　Wang Jianhui　Wang Shuo　Wang Qinghua　Ji Junping
Shi Dafei　Lu Xinye　Bao Jingmei　Zhu Yongsheng　Zhu Jisong
Liu Yan　Liu Fuer　Xu Jinghan　Sun Lu　Li Xinwei　Li Xin
Yang Shihao　Xiao Xiaodan　Wu Haiping　Xu Shengwen
Ying Mingqi　Zhang Zeyi　Chen Dong　Huan Xun　Hu Beidi
Xu Jiaxuan　Huang Ying　Jiang Jingjing　Su Hui　Xue Lili

If you have any suggestions, please contact the Editor's email via xmma@pku.edu.cn, thank you!

前　言

中国经济发展严重依赖化石能源，2012 年在能源结构中石油和煤炭的比例高达 86%，2009 年温室气体排放就已超越美国成为世界首位，世界银行报告进一步指出到 2030 年中国新增化石能源消费将占全球 70%，使得中国面临极大的国际温室气体减排压力。不合理的能源结构还直接导致严重的空气污染。目前中国中部、东部主要地区，灰霾污染已经严重威胁到人民身体健康，干扰到正常的经济秩序。

中国目前显现的主要能源、环境问题从根本上来说是以高消耗、高污染为特征的经济发展方式问题，要想彻底解决，必须从改变经济社会发展模式入手，转为低碳节能的发展模式。而金融作为经济系统命脉，在社会经济运行中起着核心作用，因此利用金融手段来助力、推动解决环境与能源问题，就成为当前中国必要而明智的选择。

利用金融手段促进低碳经济发展，也即一般所称的低碳金融，主要通过以下几个方式发挥作用：

（1）充分发挥金融市场资源配置的作用，架设新能源企业与资本市场间的桥梁，应对新能源产业投资规模大、回收周期长的劣势，促进新能源产业的良性发展；

（2）充分发挥金融市场促进技术革新的作用，积极推进新能源技术与其他低碳节能技术的发展与进步，为解决能源问题奠定坚实的技术基础；

（3）通过绿色信贷、绿色证券、环境责任险等金融工具，提高企业的环保意愿和积极性，减轻人类社会发展对环境造成的压力；

（4）通过建立以碳交易市场为代表的污染物排放交易市场，借助金融市场寻求合理的污染物排放价格，促使企业以合理的成本节能减排，实现经济与环境保护的协调发展。

自 2013 年 6 月起，深圳、北京、上海、广东、天津、湖北碳排放权交易市场相继正式启动运行，中国自愿核证减排量登记簿系统目前已经建立，并且已有 16 个产品得到国家发改委的审核备案，中国证监会和国家发改委正在谋划推出碳金融衍生品交易工具，银行、证券公司、信托投资公司、基金管理公司、风险投资基金等各类金融机构也在不断拓展业务范围，推动低碳经济发展，可以说中国的低碳金融已经破土萌发，即将呈现蓬勃、快速发展之态势。

在此中国低碳金融发展的关键时间节点，编者集中北京大学环境与能源学院、深圳市绿色低碳发展基金会两精英团队的核心力量，在深圳市发展改革委员会、能源基金会（EF）、德国合作机构（GIZ）、北京大学出版社支持下，成立了“中国低碳金融发展研究”课题组，经过近六个月辛勤耕耘，遂完成本研究报告。

本报告首先对气候变化的全球应对做了系统分析，采用了结构因子分析方法，对2020年中国碳排放趋势进行了预测，预计到2020年中国碳排放总量将达到世界的三分之一，中国面临着巨大减排压力；然后，从低碳金融的不同参与者角度，研究了国际金融机构、政策性银行、商业银行、上市公司以及其他社会组织在低碳投资领域的投资项目、投资规模，分析了拓展低碳融资渠道的可能性及其重点领域；最后，建立了用来描述中国碳价总体水平的北京大学综合碳价指数，并对一年来综合碳价指数波动情况进行了分析。

本报告的亮点主要有以下4点：

(1) 在中国首次系统地对中国低碳金融发展给出系统评价，是第一部中国低碳金融发展年度报告；

(2) 利用商业银行客观、公开的资料，对商业银行绿色信贷实施情况进行了系统评述，第一次给出商业银行绿色信贷排名；

(3) 详细分析了上市公司、私募风投低碳投资情况，是证券市场、私募风投低碳投资第一份系统报告；

(4) 研究提出了中国配额碳市场北京大学综合价格，系统客观地评价了中国碳市场发展过程。

编　者

2014年10月

Preface

China's economic development is heavily dependent on fossil fuels and proportion of petroleum and coal in its energy structure accounts for as high as 86%. Resulted greenhouse gases emissions have long ranked first around the world, a report by the World Bank further pointed out that to 2030, China's newly increased consumption of fossil energy will be 70% of the world's total consumption, which positions China under great pressure for greenhouse gases emissions reduction from international community. In addition, unreasonable energy structure has directly led to severe air pollution. Presently, in major areas of central and eastern China, dust-haze pollutants has seriously threatened people's health and interfered in normal economic order.

Fundamentally speaking, China's present major energy and environmental problems is the issue of economic development pattern featured by high consumption and high pollution. In order to completely resolve those problems, we should first transform economic and social development pattern into a low-carbon and energy saving pattern. While finance as the life line of economic system, plays a core role in the operation of economy and society. Therefore, adopting financial measures to help and promote the resolution of environmental and energy issues has been a necessary and wise choice for China.

By using financial instruments to promote the development of low-carbon economy, i. e. , low-carbon finance, is mainly manifested in the following aspects:

(1) It can give full play to the role of financial market in resources allocation, build a bridge between new energy enterprises and the capital market, respond to the disadvantages of new energy industry such as large-scale investment and long recovery period and can promote its sound development;

(2) It can give full play to the role of financial market in promoting technological innovation, actively push forward development and progress of new energy technologies and other low-carbon energy saving technologies, in order to lay a solid technological foundation for resolving energy issues;

(3) Through financial instruments such as green credit, green securities, environmental liability insurance etc., to enhance environmental awareness and activeness of enterprises, mitigating pressure on environment because of development of human society;

(4) By establishing pollutants emissions trading markets represented by carbon emissions trading market and relying on financial market, it can discover reasonable prices for pollutants emissions, and can motivate enterprises to save energy and reduce emissions at reasonable costs, realizing coordinated development between economy and environment protection.

Since last June, Shenzhen, Beijing, Shanghai, Guangdong Province, Tianjin and Hubei Province have officially launched their carbon emissions trading markets successively. Chinese Certified Emission Reduction (CCER) registry system has already been established, and 16 products have been verified and put on file by China's National Development and Reform Commission. China Securities Regulatory Commission and the National Development and Reform Commission are planning to introduce carbon finance derivatives dealing instruments. Banks, securities companies, trust and investment companies, fund management firms, venture capital and other financial institutions are continuously widening their business range and pushing forward low-carbon economic development. China's low-carbon finance has claimed to be emerged and is going to boom with a momentum of rapid development.

At the critical time of China's low-carbon development, having gathered core strength of School of Environment and Energy, Peking University and Shenzhen low-carbon Development Foundation, and with support from the Development and Reform Commission of Shenzhen Municipality, EF, GIZ and Peking University Press, editors have set up a "China low-carbon finance Development Research" team. After nearly 6 months of hard work, the research report is accomplished.

First of all, the report systematically analyzes global response to climate change and adopts structure factors analysis to forecast China's carbon emissions trend in 2020. It predicts that to 2020 the total amount of China's carbon emissions will reach 1/3 of that worldwide and China will be confronted with tremendous pressure for emissions reduction; then, from the perspective of different participants in low-carbon finance, the report studies investment projects and investment scales in low-carbon field by international financial institutions, policy banks, commercial banks, listed companies as well as other social organizations, and analyzes the possibility of expanding low-carbon financing channels and key sectors; lastly, it establishes a Carbon Price PKU Index to describe the comprehensive level of China's carbon price and analyzes the fluctuation of comprehensive carbon price index over the last year.

Highlights of the report lie in:

(1) It is China's first endeavor to systematically evaluate its low-carbon finance development and is the first annual report on China's low-carbon finance development;

(2) Making use of objective and public data from commercial banks, it has systematical evaluated implementation of green credit in commercial banks, and made the first ranking list of green credit in commercial banks;

(3) It has detailedly analyzed low-carbon investment by listed companies and private ventures, and it is the first systematic report on low-carbon investment by stock market and private ventures;

(4) It studies and raises ACP-PKU, Carbon Price PKU, systematically and objectively evaluates the development process of China's carbon market.

目　　录

第1章　气候变化与全球应对

近年来，全球气候变化一直是国际热点议题。自《联合国气候变化框架公约》正式生效以来，联合国每年都会召开气候大会以评估应对气候变化的进展。通过国际谈判的形式，各缔约国达成协议并参与到国际合作中，以减缓各国二氧化碳等温室气体的排放。各国或各地区也依据各自国情拟定相应的减排目标，并在区域内通过政策手段、经济手段等积极应对气候变化问题。

1.1　全球气候变化

气候变化已经成为各国热议的全球性重要话题。气温升高、海平面上升、南北极冰盖融化以及各地相继出现的极端天气等都被归因于全球气候变化。政府间气候变化专门委员会(Intergovernmental Panel on Climate Change，IPCC)在2007年的报告中明确指出，过去的一个世纪(1906—2005年)里，地球表面平均温度上升了0.74±0.18℃，而由此导致的两极地区冰雪消融亦造成了海平面上升20 cm的结果。为应对气候变化，IPCC在第五次评估报告中对气候科学进行了全面评估，包括气候变化的现状问题、气候变化的风险、在可持续发展和公平性原则基础上的应对措施、对国际社会低碳发展的建议等。

对于全球气候变化虽然还存在着争议，但IPCC的观点在目前国际社会还是得到普遍认可，各国对全球气候变化也越来越重视。

1.2　全球应对

全球变暖不是任何一个国家或者简单的区域合作能够解决的，这是全人类必须采取一致行动方能减缓或者适应的国际议题。为了共同应对这一全球问题，各国不仅广泛开展了国家间的多边合作，在各个区域/国家内也采取了相应的手段以遏制温室气体排放。

1.2.1 国际合作与气候谈判

迄今为止，为应对气候变化开展国际合作的国家已进行了多次气候谈判，虽然一直比较艰难，但不失为目前各国共同应对气候变化的最重要平台。

1992 年《联合国气候变化框架协议》在联合国大会上正式通过，同年在联合国环境与发展会议上开放签署，1994 年正式生效，自此后每年召开一次缔约方大会（COP）以评估气候变化进程。各缔约方在 1997 年举行的第三次 COP 会议上通过《京都议定书》，明确了各个缔约方为控制全球气候变暖所必须承担的责任。《京都议定书》原定于 2012 年到期，但在哥本哈根气候大会协商后，各国开始商讨《京都议定书》一期承诺到期后的后续方案，经历德班大会和多哈大会，最终确定延长京都议定书履约期限至 2020 年，开启 2013 年 1 月 1 日—2020 年 12 月 31 日的第二承诺期。

总的来说，虽然各国都有意向在一个国际性的机制下共同承担减缓全球变暖的责任，但是对于责任分配、出资额度等实质性问题，仍然存在争议。发展中国家坚持认为发达国家在过去工业化进程中的温室气体排放是造成当今全球变暖的主要原因，同时发展中国家面临着改善国民生活的艰巨任务，发展经济的需求高于减排的责任，因而发达国家应该承担更多的减排责任；但发达国家认为新兴发展中大国将在未来成为主要碳排放国家，必须对其庞大的总量进行控制。此外，在节能技术转让、对发展中国家减排行动的资金扶持等方面，发达国家和发展中国家都存在大量分歧，气候变化谈判一直处于艰难推动进程中。

2014 年气候大会将在秘鲁利马召开，2015 年前达成新的全球协议任务越来越紧，许多学者期待这次会议能带来新的突破。

1.2.2 区域与国家内单方行动

在应对全球气候变化方面，国际社会一直在做不懈努力，试图通过气候谈判的方式达成统一的协议，以此来约束温室气体过度排放，但在实际谈判过程中，各国出于本国利益的考虑，受制于本国决策制度的影响，现在还没达成一致的具有约束力的国际协议。但在应对气候变化已成为全球共识背景下，很多国家和各地区，都积极采取了各种行动对本国或本区域内的温室气体排放进行限制。

在历年全球气候谈判进程中，温室气体的减排责任和减排目标一直是谈判的一个重点。部分国家或地区已公开承诺其在一定阶段的减排目标，并在区域内制定了相关的政策与目标。主要国家与地区减排目标如表 1-1。

表 1-1　主要国家与地区减排目标

国家/地区	减排目标
欧盟	到 2030 年，温室气体排放在 1990 年基础上减少 40%；清洁能源占欧盟能源消费总量的 27%
英国	到 2025 年，将把温室气体排放减少到 1990 年水平的一半，2030 年实现法定减排量的 60%，2050 年达到 80%
美国	到 2020 年，将在 2005 年的基础上将温室气体的排放减少 17%
加州	2020 年达到 1990 年温室气体排放水平，较 2005 年下降 25%
俄罗斯	2020 年下降至 1990 碳排放量的 75%
日本	下调减排目标，2020 年的温室气体排放量比 2005 年减少 3.8%，相当于比 1990 年排放量增加 3%
中国	到 2020 年，碳排放强度较 2005 年下降 40%～45%

目前世界主要国家都致力于利用市场手段推动温室气体减排，很多国家地区也在积极推动碳交易市场的建立，如表 1-2 所示。全球碳市场版图可依据交易机制不同划分为基于项目的市场（Project-based Markets）和基于配额（Allowance-based Markets）的市场。配额是基于总量限制与交易机制（Cap-and-Trade）创建的，其交易标的为权威管制机构分配的配额或机制体系认可的转化为配额的信用额度；项目市场的碳信用则是基于基线与信用机制（Baseline-and-Credit）创建的，其交易标的为根据项目开发而产生的温室气体减排信用（Credits）。世界主要的碳市场都是通过基于配额的市场。

表 1-2　区域碳交易市场

国家/地区	范　围	市场建立情况
欧盟	EU-ETS 纳入欧洲 27 个成员国，12 000多个排放主体，一半以上温室气体排放量	2013 年开始，进入第三阶段，纳管行业范围进一步扩大，并逐步提高配额拍卖分配比例
美国	加州（2014 年与加拿大魁北克联合碳市场）	2013 年建立
	RGGI（包括康涅提格、特拉华、缅因、马里兰、马萨诸塞、新罕布什尔、纽约、罗德岛、佛蒙特等九个州）	2003 年建立，美国第一个二氧化碳总量控制与交易体系
中国	"两省五市"碳交易试点（北京、上海、天津、深圳、重庆、湖北、广东）	至 2014 年 5 月，除重庆市暂未开始交易，其他 6 个试点均已开始交易

目前除了欧洲建立碳交易市场时间较长，运行体系较为成熟以外，各国及区域间碳交易体系正在处于相继建设过程中。2013 年不仅是中国碳交易元年，也是加州碳市场、澳大利亚碳市场成立第一年，而韩国、俄罗斯、智利等十余个国家也计划在未来几年建立各自的碳交易市场。全球碳排放交易市场建设进程示于图 1-1。

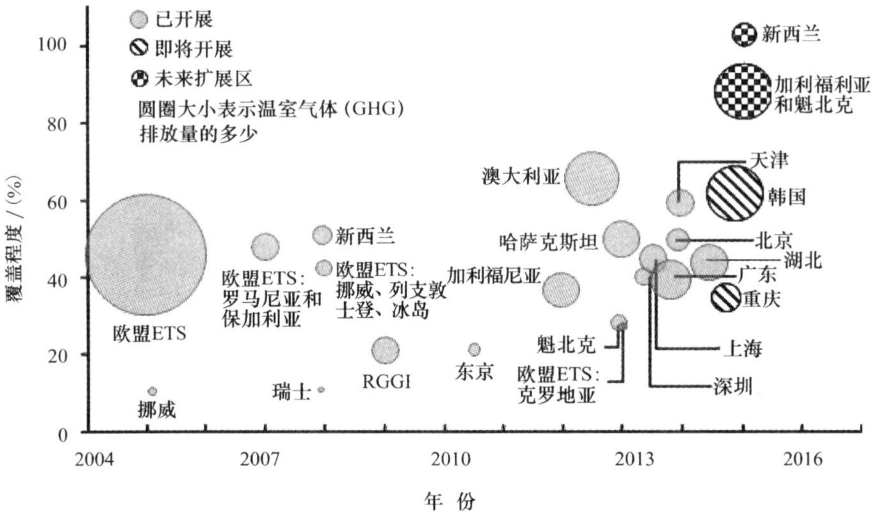

图 1-1 全球碳市场建设进程

1.3 小 结

政府间气候变化专门委员会（Intergovernmental Panel on Climate Change，IPCC）第五次评估报告中对气候科学进行了全面评估，包括气候变化的现状问题、气候变化的风险、在可持续发展和公平性原则基础上的应对措施、对国际社会低碳发展的建议等。

对于全球气候变化虽然还存在着争议，但 IPCC 的观点在目前国际社会还是得到普遍认可，各国对全球气候变化也越来越重视。联合国每年都会召开气候大会评估应对气候变化的进展，寻求解决气候变化问题的国际合作途径。各国或各地区也依据各自国情拟定相应的减排目标，并在区域内通过政策手段、经济手段等积极应对气候变化问题。

目前世界主要国家都致力于利用市场手段推动温室气体减排，已经设立很多个碳排放交易市场，而且这些碳排放市场大部分都是基于配额的市场。目前除了欧洲建立碳交易市场时间较长，运行体系较为成熟以外，其他各国及区域间碳交易体系或者刚设立，如 2013 年不仅是中国碳交易元年，也是加州碳市场、澳大利亚碳市场设立第一年，韩国、俄罗斯、智利等十余个国家也正在计划设计过程中。

Conclusion

Intergovernmental Panel on Climate Change (IPCC) has comprehensively evaluated climate science in its fifth evaluation report, which includes current issues of climate change, the risks of climate change, responding measures based on the principles of sustainability and fairness, and suggestions from international community on low-carbon development etc.

Although global climate change is still controversial, the viewpoint of IPCC is presently and commonly acknowledged in international community, and countries are paying more and more attention to global climate change. The United Nations annually convenes a climate change conference to evaluate the progress of tackling climate change and to seek international cooperation to resolve climate change issues. Countries and regions are formulating relevant emissions reduction targets in accordance with their national conditions, and actively addressing climate change issues through policy measures, economic measures and son on within regions.

At present, major countries worldwide are devoted to promoting greenhouse gases emissions reduction through market measures and have set up many carbon emissions trading markets, most of which are allowance-based. Currently, only the EU has established a carbon emissions trading market for a relatively long time with a relatively mature operation system. Carbon emissions trading markets in other countries or among regions are just established. For example, the year 2013 is not only the first year of China's carbon emissions trading, but also the first year of California's carbon market and Australia's carbon market. Another ten more countries including South Korea, Russia and Chile are also in the process of planning and design.

第 2 章　中国碳排放现状与预测

2.1　中国碳排放现状

2.1.1　中国分部门碳排放量估算

按 IPCC 指南(IPCC,2006)可以建立以中国各部门特点的排放系数估算化石燃料燃烧碳排放的方法。碳排放估算需要两类数据。一类是活动水平数据,即化石燃料的消耗量和工业产品的产量,活动水平数据取自各类统计年鉴。另一类是排放系数数据,即单位化石燃料燃烧的碳排放量和单位工业产品产量的碳排放量。本书数据借鉴各类研究报告。

为使碳排放的部门分类和投入产出表的分类相对应,依据《国民经济行业分类与代码》(GB/T4754-2011)对碳排放数据进行了部门合并,调整后共有 33 个部门,见表 2-1。为便于表述,下文图表中使用表 2-1 中的序号代表相应的部门。

表 2-1　部门分类

序号	部　　门	序号	部　　门	序号	部　　门
1	农林牧渔业	12	化学工业	23	电力、热力的生产和供应业
2	煤炭开采和洗选业	13	非金属矿物制品业	24	燃气生产和供应业
3	石油和天然气开采业	14	金属冶炼及压延加工业	25	水的生产和供应业
4	金属矿采选业	15	金属制品业	26	建筑业
5	非金属矿采选业	16	通用、专用设备制造业	27	交通运输及仓储业
6	食品制造及烟草加工业	17	交通运输设备制造业	28	邮政业
7	纺织业	18	电气、机械及器材制造业	29	批发和零售业
8	服装皮革羽绒及其制品业	19	通信设备、计算机及其他电子设备制造业	30	住宿和餐饮业
9	木材加工及家具制造业	20	仪器仪表及文化、办公用机械制造业	31	金融保险业
10	造纸印刷及文教用品制造业	21	其他制造业	32	房地产业
11	石油加工、炼焦及核燃料加工业	22	废品废料	33	其他服务业

通过计算，可得 2012 年分行业化石能源消耗数据和碳排放数据，详见表 2-2(详细计算过程见附录Ⅰ)。

表 2-2　2012 年分行业化石能源消费量和碳排放量

序号	碳排放部门名称	终端化石能源消费量/10^4 tce	碳排放量/Mt CO_2
1	农、林、牧、渔、水利业	3552	79.67
2	煤炭开采和洗选业	5638	127.13
3	石油和天然气开采业	2391	43.28
4	黑色金属矿采选业	345	11.16
5	有色金属矿采选业	148	3.93
6	非金属矿采选业	366	9.88
7	其他采矿业	1	0.04
8	农副食品加工业	989	25.36
9	食品制造业	694	16.86
10	饮料制造业	540	13.00
11	烟草制品业	73	1.58
12	纺织业	945	22.74
13	纺织服装、鞋、帽制造业	207	4.77
14	皮革、毛皮、羽毛(绒)及其制品业	89	2.00
15	木材加工及木、竹、藤、棕、草制品业	308	7.34
16	家具制造业	48	1.12
17	造纸及纸制品业	1402	34.08
18	印刷业和记录媒介的复制	56	1.21
19	文教体育用品制造业	73	1.59
20	石油加工、炼焦及核燃料加工业	9916	189.72
21	化学原料及化学制品制造业	18 256	508.01
22	医药制造业	552	12.97
23	化学纤维制造业	265	5.97
24	橡胶制品业	376	7.01
25	塑料制品业	203	6.50
26	非金属矿物制品业	19 389	1335.70
27	黑色金属冶炼及压延加工业	9063	1391.14
28	有色金属冶炼及压延加工业	1721	51.70
29	金属制品业	450	13.08
30	通用设备制造业	419	34.64

续表

序号	碳排放部门名称	终端化石能源消费量/10^4 tce	碳排放量/Mt CO_2
31	专用设备制造业	463	11.68
32	交通运输设备制造业	1338	25.63
33	电气机械及器材制造业	309	6.84
34	通信设备、计算机及其他电子设备制造业	223	4.57
35	仪器仪表及文化、办公用机械制造业	40	1.00
36	工艺品及其他制造业	121	2.76
37	废弃资源和废旧材料回收加工业	22	1.05
38	电力、热力的生产和供应业	131 625	3881.75
39	燃气生产和供应业	114	2.73
40	水的生产和供应业	32	0.72
41	建筑业	4231	105.71
42	交通运输、仓储及邮电通信业	28 141	582.78
43	批发和零售贸易业、餐饮业	3059	65.35
44	其他服务业	6597	137.39
45	城镇居民生活消费	9596	185.86
46	农村居民生活消费	7510	160.16
合　　计		271 897	9139.20

注：表中能源消费量仅指化石能源消耗。

其中，能源消耗前十位的行业分布如图2-1所示，其碳排放数据如图2-2所示。电力、热力的生产和供应业的能源消耗占总终端化石能源消费量的48.40%，而碳排放量占总碳排放量的42.48%，既是能源消耗占比最大，也是碳排放量占比最大的行业；其次为黑色金属冶炼及压延加工业和非金属矿物制品业，二者的碳排放量相差不大；交通运输、仓储及邮电通信业、化学原料及化学制品制造业、石油加工、炼焦及核燃料加工业、城镇居民生活消费、农村居民生活消费、其他服务业、煤炭开采和洗选业的碳排放量相对不高。从图2-1和2-2中可以看出，各行业的能源消耗数据与碳排放数据占据前十位的行业恰好是吻合的，这是因为二氧化碳排放很大程度上是由于化石燃料燃烧而导致的，因而降低能源消耗、改善能源结构是减少温室气体排放的一个至关重要的途径。

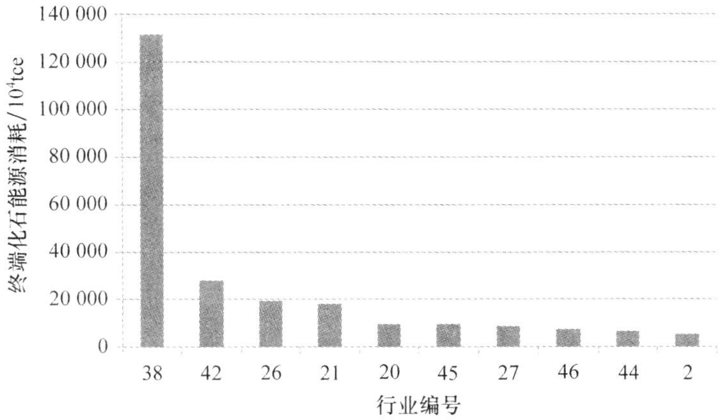

图 2-1　2012 年能源消耗前十位的行业

注：图中行业编号与表 2-2 一致。

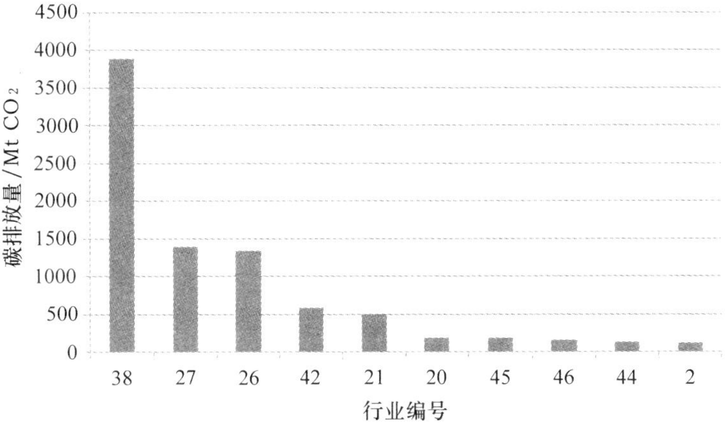

图 2-2　2012 碳排放前十位的行业

注：图中行业编号与表 2-2 一致。

2.1.2　中国碳排放总量

对各部门能源消耗量和碳排放量进行加总，得到 2012 年能源消耗总量和碳排放总量。2012 年中国能源消费总量达 36.2 亿吨标准煤，比上年增长了 3.9%。其中，煤炭消费量增长 2.5%，原油消费量增长 6.0%，天然气消费量增长 10.2%，电力消费量增长 5.5%。全国万元国内生产总值能耗下降 3.6%。2012 年碳排放总量是 92.21 亿吨。

中国历年碳排放量见图 2-3。从图中可以看出，中国碳排放量从1991年的2359.64Mt CO_2 快速增长到了2012年的9221Mt CO_2。

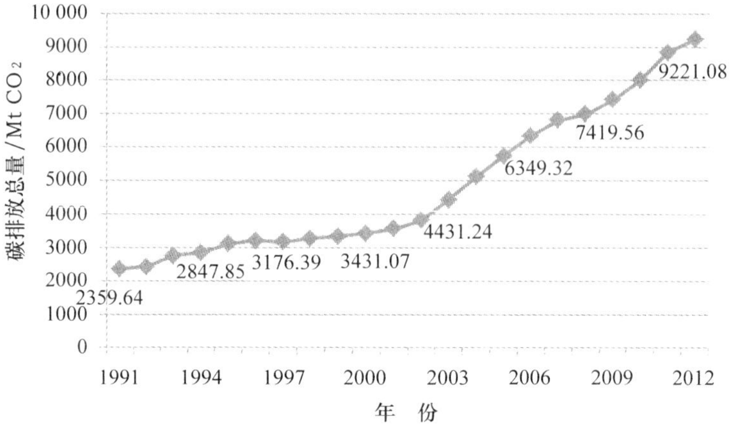

图 2-3　中国 1990—2012 年碳排放总量

在20世纪90年代确定以“共同但有区别的责任”原则以及《京都议定书》等为谈判基调的时候，发展中国家二氧化碳排放量只占全球总排放量的32%，而中国只占11%，发达国家率先承担减排义务，为发展中国家提供资金和技术支持是全球共识。但是经过20多年的发展，各谈判方的碳排放量以及减排责任已经发生了很大的变化。仅在2009年，中国新增化石燃料二氧化碳排放量约占全球新增量的70%。发达国家以美国为代表，认为中国、印度、巴西、俄罗斯等大国必须纳入减排约束内。图 2-4为2011年全球前六位排放量大国的碳排放情况。中国碳排放总量已经达到世界第一，并占世界总排放量的26%。发展中国家的中国、印度进入了前六名，巴西和南非排放量分别高达4.81亿吨和4.57亿吨。在哥本哈根会议上，中国、印度、巴西和南非共同构成了“基础四国”，其共同特征就是上述四国在未来碳排放总量会迅速增加，但是从人均碳排放来看，四国仍然远远低于发达国家一般水平。但2013年，中国人均碳排放就已经接近法国，达到7.6吨/(人·年)，超过一般发达国家。

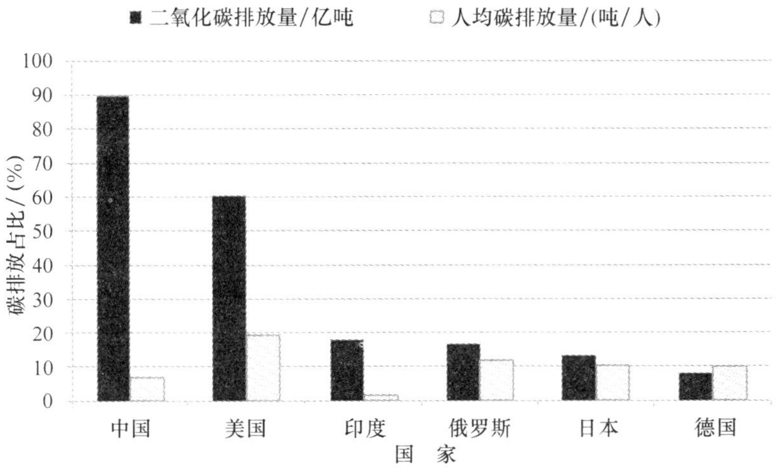

图 2-4　前六位碳排放大国[①]

2.2　2020 年碳排放预测

2.2.1　预测方法

为了尽可能准确地测算 2020 年的国内碳减排压力，需要对 2020 年的碳排放进行预测。预测前提之一是要根据现有数据分析出来驱动因素。本研究建立非竞争进口型投入产出模型、估算工业生产碳排放、采用分部门的碳排放系数、探讨各因素的分部门影响以及将 SDA 用于指导情景分析。

预测过程如下：

(1) 首先，建立碳排放投入产出理论模型，推导关键指标的计算公式。其次，获取模型参数，包括估算 1991—2010 年中国分部门碳排放量以及建立 1992 年、1997 年、2002 年和 2007 年进口非竞争型可比价投入产出表。

(2) 通过模型分析历史碳排放增长的关键驱动因素。利用结构分解分析(SDA)研究最终需求规模、最终需求部门结构、最终需求类型结构、投入产出结构和单位产值碳排放量等五类因素对 1992—2007 年中国碳

---

① 数据来源于美国橡树岭国家实验室。

排放的推动作用，识别各因素中的关键部门。

(3) 通过模型分析2020年碳减排目标的实现途径。结合1992—2007年关键驱动因素和关键部门的分析，分三种情景讨论2020年减排目标的实现途径，即一切照常情景(BAU)、低经济增长减排情景和一般经济增长减排情景。在此基础上提出减排政策建议。

详细过程见附录Ⅱ。

2.2.2 预测结果

1. 2020年碳排放量

(1) 碳排放总量及单位GDP排放

2020年各情景的碳排放总量及单位GDP碳排放分别见表2-3和表2-4。从表中可以看出，2020年BAU情景下的碳排放总量及年均增长率最高，其次为一般经济增长减排情景，最低是低经济增长减排情景。而从单位GDP碳排放及下降率看，2020年BAU情景的单位GDP碳排放最高，下降率最低，而一般经济增长减排情景和低经济增长减排情景的预测结果较为接近。

表2-3 2020年各情景碳排放总量及年均增长率

	BAU情景	S_{slow}情景	S_{usual}情景
碳排放总量/Mt CO_2	15 104.9	11 137.3	12 011.5
占2007年总量的倍数	2.21	1.70	1.78

注：BAU为一切照常情景，S_{slow}为低经济增长减排情景，S_{usual}为一般经济增长减排情景。

表2-4 2020年各情景单位GDP碳排放及下降率

	BAU情景	S_{slow}情景	S_{usual}情景
单位GDP碳排放/(t CO_2/万元)	2.604	2.073	2.072
比2005年下降的百分比/(%)	25.53	40.77	40.78

注："单位GDP碳排放"基于2000年可比价计算。2005年的单位GDP碳排放为3.497 tCO_2/万元。

(2) 各类最终需求引起的碳排放量

2020年各类最终需求引起的碳排放见图2-5～图2-7。从排放量上看，BAU情景下的各类国内产品最终需求引起的碳排放量普遍比其他两种情景下的要高。三种情景均以产品最终需求引起的间接碳排放为主。

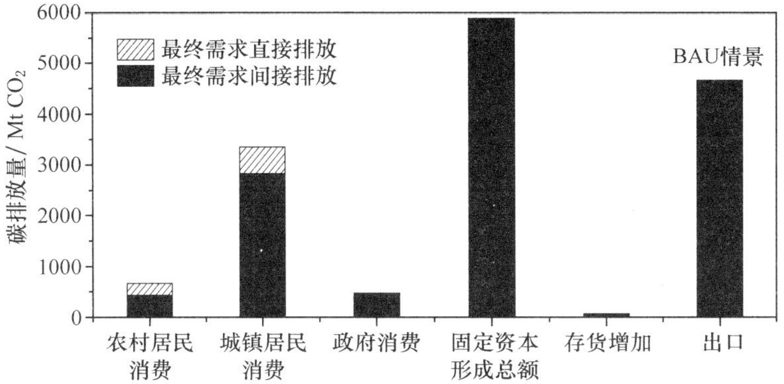

图 2-5　2020 年 BAU 情景各类国内产品最终需求引起的直接和间接碳排放

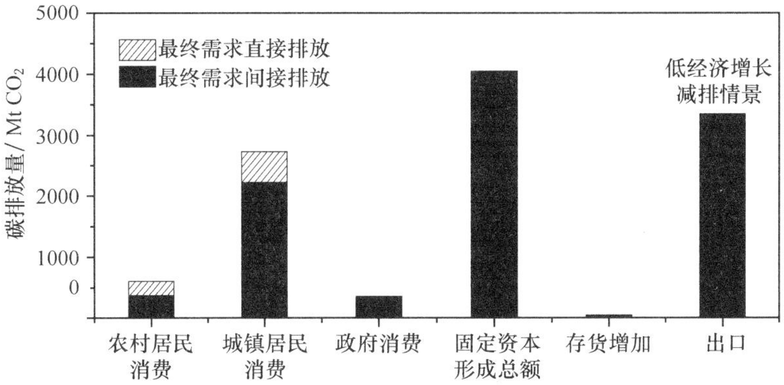

图 2-6　2020 年 S_{slow} 情景各类国内产品最终需求引起的直接和间接碳排放

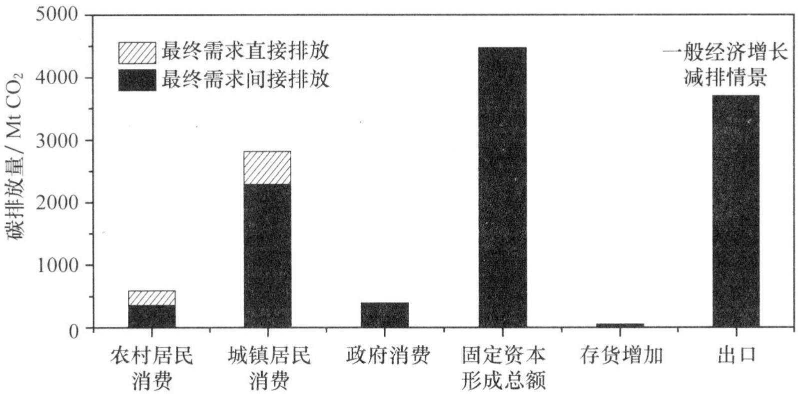

图 2-7　2020 年 S_{usual} 情景各类国内产品最终需求引起的直接和间接碳排放

2. 占 2020 年全球排放的比重

各情景碳排放占全球碳排放比重的计算结果显示(见表 2-5),不论中国是否能实现 2020 年单位 GDP 碳排放下降 40%～45%的减排目标,届时中国占全球碳排放的比重都将进一步增加。若 GDP 按照历史趋势增长且不采取新的减排措施,中国占全球的比重将高达 38.6%左右。若使重点排放部门的单位产品能耗达到当前的国际先进水平,则中国占全球的比重可能达到 28.3%～30.7%。最可能的结果是,2020 中国碳排放量占全球比较达到 1/3 左右,表明中国未来将面临更大的减排压力。

表 2-5 本研究各情景碳排放占全球碳排放的比重

	BAU 情景	S_{slow} 情景	S_{usual} 情景
USEIA 情景	38.6%	28.6%	30.8%
IEA 情景	38.4%	28.4%	30.5%

注:"USEIA 情景"和"IEA 情景"指采用这两种情景下的全球碳排放总量值进行计算。

2.3 小 结

中国能源消耗量和碳排放量都处于一直攀升的态势中,采用相关的模型和计算方法对国内目前的碳排放量状况进行分析,并对未来中国的碳排放量进行预测,明确目前中国面临的巨大减排压力十分必要。

按 IPCC 指南(IPCC,2006)可以建立以中国各部门特点的排放系数估算化石燃料燃烧碳排放的方法。从历史数据上看,中国碳排放增长迅速且排放部门相对集中。单位产值排放降低是排放量减缓的主要因素,最终需求规模增加是排放量增长的主要因素,投入产出结构改变是引起排放增长的次要原因,最终需求部门结构和类型结构改变对总增量的影响不明显。

为了尽可能准确的测算 2020 年的国内碳减排压力,需要对 2020 年的碳排放进行预测。预测前提之一是要根据现有数据分析出来驱动因素。本研究建立非竞争进口型投入产出模型、估算工业生产碳排放、采用分部门的碳排放系数、探讨各因素的分部门影响以及将 SDA 用于指导情景分析。对于 2020 年的碳排放情景假设上,从碳排放总量看,2007—2020 年中国碳排放可能增长 4317.1 Mt CO_2～8283.7 Mt CO_2,是 2007 年总量的 63.34%～121.44%,年均增长率在 3.87%～6.31%之间。从单位 GDP 碳排放看,2020 年单位 GDP 碳排放可能比 2005 年下降 25.53%～40.78%。若保持当前的各项措施且不采取新的减排措施,则很可能无法实现 2020

年单位 GDP 碳排放比 2005 年下降 40%～45%的减排目标。从占全球碳排放的比重看，2020 年中国碳排放可能占全球的 28.3%～38.6%。即使实现 2020 年的减排目标，届时中国占全球碳排放的比重都将进一步增加。这表明中国未来将面临更大的减排压力。

中国正面临人类历史上最严重的大气污染，京津冀、珠三角、长三角、中原、东北平原等区域，经常会出现灰霾污染天气，导致灰霾污染的细粒子 PM2.5 的浓度经常超过世界卫生组织安全标准的 10～20 倍。而 PM2.5 产生的主要来源，是日常发电、工业生产、汽车尾气排放等过程中化石燃料经过燃烧而排放的残留物。以北京为例，北京市 PM2.5 约 60%来源于燃煤、机动车燃油、工业使用燃料等燃烧过程，23%来源于扬尘，17%来源于溶剂使用及其他途径。

不合理的经济发展方式导致能源消费的高速增长，而严重依赖于化石燃料的能源结构，不但使得中国成为世界碳排放量第一大国，面临国际社会巨大压力，而且带来严重的大气污染，严重地危害了人们健康，影响了正常的经济、社会秩序。在 2013 年 11 月华沙气候会议上，解振华指出“中国的发展方式比较粗放，结构不合理，问题很多，环境也是个问题，气候变化的任务也很繁重，应对气候变化和解决中国的大气污染是同根同源、相辅相成的。不管多边进程进展如何，中国积极应对气候变化，加大节能减排的力度，转变发展方式，调整经济、能源、产业结构是中国必须要做的，这是中国自身的要求。”中国面临着前所未有的减排压力。

Conclusion

China's energy consumption and carbon emissions amount are always on the rise. Relevant model and calculation methods are adopted to analyze China's current condition of carbon emissions and to forecast its carbon emissions in future. It is quite necessary to clarify that China is facing tremendous pressure for emissions reduction.

According to IPCC guidelines (IPCC, 2006), we can establish a method to calculate carbon emissions from combustion of fossil fuels by specific emission coefficients in China's various departments. From historical data, China's carbon emissions increase rapidly and relatively concentrate in certain sectors. Decrease of emissions from per unit output is the main factor for slowing down of emissions growth; increase of ultimate demand scale is the main factor for emissions growth; alteration of input/output structure is the secondary cause for emissions growth; and alteration of the structure of final demand sectors and type structure does not have obvious influence on total increment.

In order to calculate as precisely as possible, domestic pressure for carbon emissions reduction in 2020, it is necessary to predict carbon emissions in 2020. One of the premises for prediction is to analyze driving factors according to present data. The research establishes non-competitive import input/output model, calculates carbon emissions from industrial production, adopts sub-sector carbon emissions index, explores sub-sector influence of each factor, and applies SDA into scenario analysis. For carbon emissions scenario assumption in 2020, viewed from total amount of carbon emissions, from 2007 to 2020, China's carbon emissions could increase by 4317.1 Mt CO_2 ~8283.7 Mt CO_2, which is 63.34%~121.44% of total emissions in 2007 with an average annual growth rate between 3.87%~6.31%. Viewed from carbon emissions from per unit GDP, carbon emissions from per unit GDP in 2020 could decrease by 25.53%~40.78% compared with 2005. If present measures are maintained and no new emissions reduction measures are adopted, it will be impossible to achieve the emissions reduction target of carbon emissions from per unit GDP in 2020 decreasing by 40%~45% from 2005. Viewed from proportion in global carbon emissions, China's carbon emissions in 2020 could be 28.3%~38.6% of global carbon emissions. Even though emissions reduction target for 2020 is achieved, China's proportion of carbon emissions in global carbon emissions will continue to increase. This indicates that China will face greater pressure for emissions reduction in future.

China is facing the severest air pollution in human history. Beijing-Tianjin-Hebei, the Pearl River Delta, the Yangtze River Delta, the Central Plains, Northeast Plain and other regions often have haze polluted weather, resulting in the density of PM2.5 (a type of fine particle in haze pollution) often exceed 10 to 20 times of the safety standard defined by the World Health Organization. The main sources of PM2.5 are residues of fossil fuels combustion in processes such as daily power generation, industrial production, vehicle exhaust emissions etc. Taken Beijing as an example, 60% of PM2.5 in Beijing results from combustion of coal, motor vehicle fuel and industrial fuel, 23% comes from fugitive dust, and 17% comes from solvent use and others.

Unreasonable economic development pattern leads to rapid growth of energy consumption. The energy mix heavily relying on fossil fuels not only makes China the biggest carbon emitter worldwide with tremendous pressure from international community, but also brings about severe air pollution which seriously endangers people's health and influences normal economic and social order. At the UN Warsaw Climate Change Conference in November, 2013, Xie Zhenhua pointed out that "China's development has an extensive model, an irrational structure and many problems. The environment is also a problem. The pressure of climate change is also quite heavy. Addressing climate change and resolving China's air pollution have the same root and are supplementary to each other. No matter how multilateral process proceeds, it is China's task and China's inner desire to actively mitigate climate change, to strengthen energy saving and emissions reduction, to transform development modes, and to adjust economic, energy and industrial structure." China is confronted with unprecedented pressure for emissions reduction.

第3章 国际合作低碳发展项目

多边渠道的金融机构(多边开发银行及其气候基金)、双边渠道的金融机构(双边融资机构及其气候基金)是国际资金的投资渠道,尤其是国际公共资金投向中国的重要途径。私人气候资金的详细资料难以获得,无法进行具体分析,没有纳入本研究范围。

3.1 多边渠道的金融机构

多边渠道的金融机构是指由三个或更多国家政府设立和主导的国际金融机构。多边渠道的金融机构在气候投资领域积极活跃,基本上以贷款和赠款的形式进行投资,是全球气候资金流动重要的渠道之一。与中国合作十分密切的主要有世界银行集团、亚洲开发银行和欧洲投资银行。

3.1.1 世界银行集团

世界银行(World Bank,WB)成立于1945年12月27日,1946年6月开始营业。世界银行集团(下文简称世行集团)由国际复兴开发银行、国际开发协会、国际金融公司、多边投资担保机构和解决投资争端国际中心五个成员机构组成。它的主要工作是向发展中国家提供长期贷款和技术协助来帮助这些国家克服贫困。

世界银行集团在气候变化领域的目的,除了帮助发展中国家应对气候变化,还要帮助它们减轻贫困、加速经济增长、实现千年发展目标(即以1990年的水平为标准,将全球贫困水平在2015年之前降低一半的总体目标)。2008年,世界银行集团公布了“战略发展和气候变化框架”,将气候变化作为一个重要的领域进行投资。世行集团的气候资金来源,除了成员国的投资之外,还包括发放气候收益债券的收益。2013年,世行集团在全球提供了650亿美元用于气候缓解性投资,290亿美元用于气候适应性投资①。

世行集团和中国有着大量的合作项目，许多项目都与气候变化有关。最早的项目是二滩水电项目，开始于1991年，共发放贷款3.80亿美元。1991—2014年世行集团与中国开展的项目情况如图3-1，表中每年的项目个数表示在该年批准和正在进行的项目数，包括其管理的气候基金开展的项目。

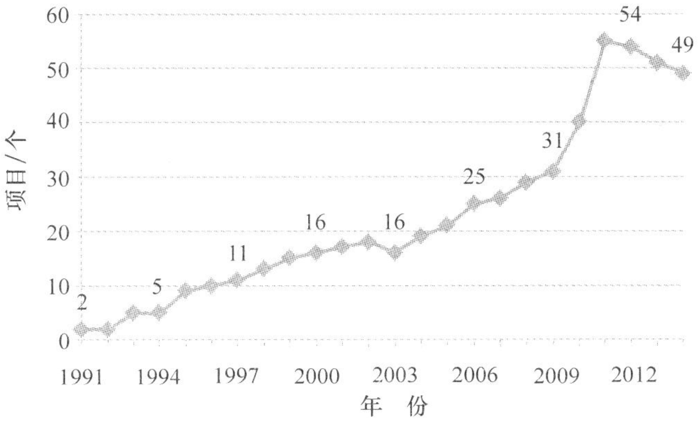

图3-1　历年世行集团与中国气候变化相关项目数

数据来源，http://www.shihang.org/zh/country；

注：项目不满一年的按一年算（如2010年6月开始的项目，则算2010年开始）；上图不包括数据缺失的"四川天然气开发和节能项目"；数据获取日期截止于2014年4月30日。

从图3-1可以看出，1991—2014年，世行集团和中国开展的有关气候变化项目的数量总体上呈现增长趋势，由1991年的2个项目增长至2014年的49个项目。同时，也存在一定的波动，2011年项目最多，达到58个，之后项目数量开始出现下降趋势。

在不考虑通货膨胀的情况下，世行集团给中国提供气候变化相关项目的贷款总额49.26亿美元，其中专门用于气候变化的贷款11.88亿美元；气候相关项目的赠款总额13.56亿美元，其中专门用于气候变化的赠款11.51亿美元。可见，专门用于气候变化的贷款和赠款数额相差不大。在这些项目中，赠款资金最大的是于2005年12月19日批准，2018年6月30日结束的"中国HFC-23减排与可持续发展项目"，该项目计划赠款9.31亿美元，分别用于江苏梅兰化工集团有限公司和常熟三爱富中昊化

① 资料来源：http://www.worldbank.org/en/topic/climatefinance/overview.

工新材料有限公司的CDM项目。而贷款资金最大的项目是2008年5月27日批准，2016年12月31日结束的“能效融资项目”，目前已经发放贷款1.78亿美元，预计项目结束前还将发放0.22亿美元贷款。

截至2014年4月30日，世行集团在中国的气候变化相关项目共有82个。从行业上分，这些项目分布在能效改造、水电、农业、绿色交通、改善大气、基础设施和可再生能源7个领域。其中，对现状进行能效升级改造的项目比重最大，约占40%，对大气环境进行改善的项目只有3%。这说明当前气候变化工作正按部就班地进行，从长远的角度出发，应该努力实现可持续发展，而不是解决一时之急。

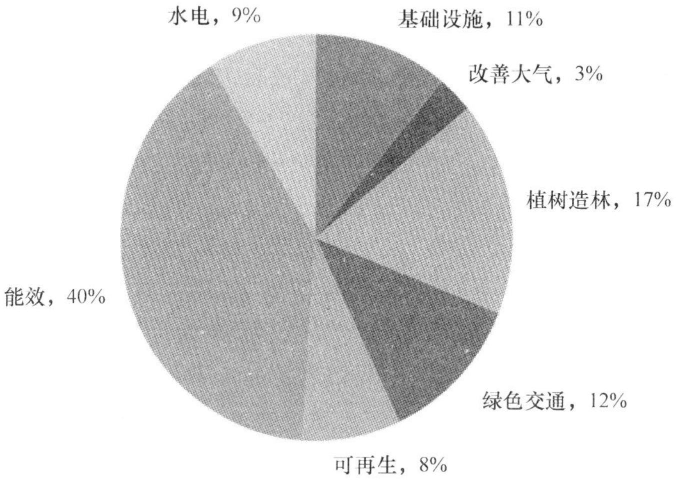

图 3-2 世行集团与中国气候变化相关项目行业分布图

数据来源：http://www.shihang.org/zh/country.

1. 世界银行集团气候基金

世界银行集团气候基金由政府和公司捐资设立，并委托给世行集团进行管理和日常运作，旨在扩大全球碳减排效果，构建碳交易市场，在最不发达的国家增购减排量。世行集团利用气候基金购买发展中国家和正在经济转型的国家的温室气体减排量，支持其低碳经济的发展。

世界银行集团在20世纪90年代末就成立了第一个碳基金，即原型碳基金，标志着一种新的气候投融资手段的出现。目前，世行集团气候基金的管理比较成熟，各种碳基金总资产超过25亿美元。至今，已有66个政府和私营公司对这些基金捐献了大量资金。表3-1列举了世界银行集团气候基金与中国气候变化有关的项目。

表 3-1　世行集团气候基金和中国的气候变化相关项目

基金名称	减排量协议项目名称
社区发展碳基金(Community Development Carbon Fund,CDCF)	广润水电项目
	山东动物粪便管理系统温室气体减排项目
	湖北生态农业沼气项目
生物碳基金(BioCarbon Fund,BioCF)	广西珠江流域治理再造林项目
	广西西北部地区退化土地再造林项目
荷兰清洁发展机制基金(About The Netherlands Clean Development Mechanism Facility,NCDMF)	广东惠州天然气发电厂项目
	晋城煤层气发电项目
意大利碳基金(Italian Carbon Fund,ICF)	HFC-23 减排项目
	南京炼钢转炉煤气回收项目
	云南湍流水电开发项目(GYHDP)
丹麦碳基金(About Danish Carbon Fund,DCF)	HFC-23 减排项目
	包头钢铁焦炭干法熄焦和余热利用发电项目
西班牙碳基金(Spanish Carbon Fund,SCF)	HFC-23 减排项目
	天津双口垃圾填埋气回收和天然气的利用
	营口 EDZ 集中供热项目
	江西石虎塘水电项目
	大石桥市集中供热项目
伞形碳基金(Umbrella Carbon Facility,UCF)	HFC-23 减排项目

数据来源：hpstt://wbcarbonfinance.org/.

注：HFC-23 减排项目的减排量由多个基金公共购买。

除了上述基金之外，最初由世界银行管理，现已独立运营的全球气候基金(Global Environment Facility,GEF)与中国的气候变化项目赠款总额 580 890 250 美元，中国参与的全球或地域层次气候变化项目赠款总额 32 020 840 美元。

2. 国际金融公司

国际金融公司(International Finance Corporation,IFC)，作为世界银行集团的成员，是由 177 个成员国出资设立的。IFC 致力于为发展中国家和新兴市场的私营部门提供多样化的金融支持，包括股权投资、长期债权投资、基金、结构性融资等形式。IFC 日常运行的业务有客户咨询服务(Advisory Services)、投资服务(Investment Services)和国际金融公司资产管理公司(IFC Asset Management Company)三部分。

在气候变化领域，IFC 也开展了不少项目。截至 2013 年年底，IFC 在全球 65 个国家共有 143 个气候投资项目，总价值高达 2.889 亿美元。2013 年，IFC 承诺投资 10 亿美元到可再生能源，12 亿美元到能源效率，2.5 亿美元到其他缓解气候变化的领域中，这也是 IFC 第一次在气候适应性领域投资。2013年,IFC的全球气候投资集中在客户咨询服务,投资金额约7500万美元。除了咨询服务之外,IFC还投资2.25亿美元用于中国节能减排融资项目[①]。

中国节能减排融资项目(China Utility-based Energy Efficiency Finance,CHUEE)是由IFC与中国政府合作,并由全球环境基金、芬兰、挪威政府共同资助的项目,是IFC与中国合作中最重要的气候变化项目。自2006年以来,CHUEE项目已经使中国经济中的各方——银行、公用事业公司、政府部门以及能效设备和服务供应商,共同开创了一种可持续金融的模式,通过能效和可再生能源项目的实施,减少了温室气体的排放并促进了清洁生产。CHUEE在中国的发展历程如下:

2007年1月22日,CHUEE项目的首家合作银行——兴业银行发布其能源效率贷款产品,支持环境友好和能源效率项目,这是中国市场第一次出现此类产品;2007年4月,CHUEE项目的合作银行兴业银行批准了洗衣系统节能技术改造项目1000万元的贷款申请,这是中国能效融资项目框架下获批的第一笔对服务行业的能效贷款;2007年6月1日,国际金融公司向北京银行提供总额为1.3亿人民币的风险分担担保;2012年11月27日,IFC和江苏银行启动了一项风险分担机制,以支持江苏省的能效项目和可再生能源项目,减轻江苏银行气候友好项目融资的违约风险,IFC同中国财政部、江苏省财政厅和中国清洁发展机制基金一道向江苏银行的这一机制提供了4.62亿元人民币的资金,这是IFC首次与中国清洁发展基金合作,并且动员中央和地方政府的资金设立的省级节能减排项目;2013年4月20日,IFC与上海银行启动了一项8000万美元的融资及咨询项目。该项目通过降低银行在小型公司的气候友好型项目上的违约风险,来扩大中小企业的融资渠道[②];截至2013年12月,CHUEE项目合作银行已提供贷款7.83亿美元来支持170多个能效提高和可再生能源项目,每年减排超过1800万吨二氧化碳。

3.1.2 亚洲开发银行

亚洲开发银行(Asian Development Bank,ADB)是亚洲和太平洋地区的区域性金融机构。ADB是联合国亚洲及太平洋经济社会委员会赞

① 资料来源:http://www.ifc.org/wps/wcm/connect/corp_ext_content/ifc_external_corporate_site/home.

② 资料来源:http://www.ifc.org/wps/wcm/connect/regprojects_ext_content/ifc_external_corporate_site/homech/homech.

助建立的机构，同联合国及其区域和专门机构有密切的联系。它的宗旨是通过发展援助帮助亚太地区发展中成员消除贫困，促进亚太地区的经济和社会发展。亚行对发展中成员的援助主要采取四种形式：贷款、股本投资、技术援助、联合融资相担保。截至2014年4月30日，中国已累计获得亚行263.3亿美元的公共部门贷款和35.4亿美元的私营部门业务，是亚行的第二大借款国。

3.1.3 欧洲投资银行

欧洲投资银行(European Investment Bank，EIB)是欧洲经济共同体成员国合资经营的金融机构，于1958年成立。该行的主要贷款对象是成员国不发达地区的经济开发项目和与欧共体有较密切联系或有合作协定的共同体外的国家。该行在气候变化领域开展了不少活动，2013年该行投资190亿元欧元用于气候变化领域。

欧洲投资银行的一项重要的气候融资方式为发行气候收益债券。2014年3月26日，欧洲投资银行发布了总额5000万英镑，于2020年3月7日到期，年收益率2.250%的气候收益债券。该债券以英国为主要发放国。

近年来，欧洲投资银行与中国已经签署的关于气候变化的融资项目有三个(见表3-2)。

表3-2 EIB与中国已签署关于气候变化项目

项目名称	行业	签订日期	签订金额/万欧元
平胡石油和天然气开发项目	能源	1995年12月18日	5500
中国气候变化框架贷款	能源	2007年11月28日	50000
中国气候变化框架贷款二期	能源	2010年12月3日	28600

欧洲投资银行日前正在评估且与中国有关的气候变化融资项目见表3-3。

表3-3 EIB评估中的中国气候变化项目

登记日期	项目名称
2014年4月15日	中国气候变化框架贷款二期(CCCFL II)-哈尔滨建筑节能
2012年4月24日	中国气候变化框架贷款二期(CCCFL II)-陕西光伏发电
2012年4月24日	中国气候变化框架贷款二期(CCCFL II)-重庆风力发电
2010年11月3日	中国气候变化框架贷款(CCCFL)-焦化气转液化天然气
2010年2月1日	中国气候变化框架贷款(CCCFL)-武汉CCPP项目
2009年10月13日	中国气候变化框架贷款(CCCFL)-集中供热能效项目

将以上两张表格和亚洲开发银行作对比，可以发现欧洲投资银行和中国的气候变化合作没有 ADF 密切，不过，从正在评估的项目数量可以看出欧洲投资银行和中国在气候变化领域的合作有着巨大的潜力。三个已有合作项目签订总金额 8.41 亿欧元（不是所有的都用于气候变化），并都集中在能效领域，而正在评估中的 6 个项目也同样集中在能源行业。

除了上述所列机构外，开展气候投资业务的多边渠道金融机构还包括绿色气候基金、世界银行气候投资基金、适应基金、非洲开发银行、泛美开发银行等等，然而他们与中国尚未开展相关项目。

3.2 双边渠道的金融机构

双边渠道的金融机构是由一国政府创立和主导，以贷款、赠款等方式对发展中国家或新兴市场进行投资的机构。与中国合作十分密切的主要有法国开发署、德国复兴信贷银行和日本国际协力机构。

3.2.1 法国开发署

法国开发署（Agence Française de Développement，ADF）是一家公立机构，总体任务是为发展提供融资。作为一个专业的金融机构，开发署在全球五大洲及法国的海外省对以下项目提供资金：由当地政府、国有企业或私营及合营部门运作的经济、社会项目。法国开发署将其业务定位于千年发展目标的框架内，在发展经济、减少贫穷和保护环境的目标结合处。

法国开发署集团由五个单位组成：① 法国开发署；② 经合促进公司（PROPARCO）；③ 金融、经济、银行研究中心（CEFEB）；④ 法国全球环境基金（FFEM）；⑤ 在法国海外省的分支机构网。

2003 年 12 月，法国开发署由法国政府授权在中国开展合作。自 2004 年起，法国开发署与中国国家财政部、国家发展与改革委员会形成正式合作伙伴关系，在华开展以应对气候变化与推进可持续发展为核心的业务。2007 年，两国签署《中法应对气候变化联合声明》和《中法两国城市可持续发展框架协议》，两份双边协议为法国开发署构建了业务发展方向。该机构在中国的业务集中在全球公共资产的保护上，尤其是提高中国经济发展能源效率以及应对气候变化，以减少温室气体排放量为选择标准。2004 年以来，法国开发署提供的贷款主要针对能源节控项目（见表 3-4）。

表 3-4　法国开发署对中国贷款的范围

领　域	项　目
能源生产及能源节控	低耗能源、清洁能源、低排放二氧化碳的能源（如使用天然气的热电联产），可再生能源（太阳能、风能、地热能、小型水电、生物质能）以及能源使用领域中能源消耗的优化
铁路运输和城市交通	铁路电气化项目、减少公路运输需求的项目以及城市交通改善项目（城市规划、交通管理、低能耗和清洁能源交通系统）
城市发展	建筑系统、城市供暖和空调系统的改进项目（建筑标准的改进、建筑能耗的优化），城市垃圾管理项目（尤其是利用垃圾产生的沼气发电的项目）

从援助方式来看，法国开发署及其法国全球环境基金对中国气候变化的投资项目，除了“中国西南四省清洁发展机制支持项目”的援助方式是以内部费用和服务的形式，其他的项目都是以主权贷款的形式投资的（见表 3-4）。

从表 3-4 可以看出，法国开发署在中国气候变化项目的行业分布广泛，水电、能效、可再生能源和基础设施都有涉及。截至目前，所有项目总金额 4.83 亿欧元（包括气候变化资金在内，但不是所有的都用于气候变化），数目可观。已经完成的项目中，金额最大的是洛阳（河南）-张家界（湖南）铁路电气化改造项目。该项目通过电气化改造，进而促进中国铁路运输能效的提高。

除了这些项目之外，法国开发署还和中国展开绿色中间信贷业务。法国开发署和三家合作银行（华夏银行、上海浦东发展银行和招商银行）开展了两期绿色中间信贷项目，以帮助银行更好地支持节能项目，以期推动中国公共政策倡导的节能减排事业的发展。截止到 2012 年年底，分布在中国 20 个省份的 55 个能效以及可再生的项目获得了这三家合作银行的支持。

3.2.2　德国复兴信贷银行

德国复兴信贷银行（Kreditanstalt fuer Wiederaufbau ,KFW）是联邦德国国家政策性银行。德国复兴信贷银行在中国小有名气，特别是在那些制定发展援助计划的机关。因为德国复兴信贷银行受德国联邦政府的委托，管理德国国家预算中的援助款项。其中在中国的不少项目均是先行经过德国复兴信贷银行的审核后获得德国政府发展援助的。自 20 世纪 90 年代以来，该行对中国的能源、工业、飞机和船舶制造工业发放了不少贷款，与中国的合作密切。据权威机构估计，它发放的贷款约有10%流向了中国，总额达55亿欧元，这一金额相当于中国整个国家一个月财政收入的1/4。

表3-5 德国复兴信贷银行-中国气候变化相关项目

项目名称	年　份	项目评估
哈尔滨-大连铁路电气化项目	2010	非常满意
轨道交通项目第三期	2010	非常满意
轨道交通项目第二期	2010	满意
风电场项目(内蒙古)	2011	比较满意
江西植树造林项目(长江)	2011	满意

从表3-5可知，德国复兴信贷银行-中国气候变化相关项目都取得了不错的结果，并且超过一半的项目与绿色交通行业有关。

3.3 小　结

多边金融机构和双边金融机构是国际资金，特别是国际公共资金向中国转移的重要渠道。多边渠道的金融机构在气候投资领域积极活跃，基本上以贷款和赠款的形式进行投资，是全球气候资金流动重要的渠道之一。双边渠道的金融机构与中国合作十分密切的主要有法国开发署、德国复兴信贷银行和日本国际协力机构。

目前世界银行与中国气候变化项目共有82个，国际金融公司投资2.25亿美元用于中国节能减排融资项目，亚洲开发银行2013年批准的项目总金额8.47亿美元，2012年后与中国正进行的气候变化项目总金额超过40亿美元。而法国开发署、德国复兴信贷银行、日本国际协力机构等双边金融机构也向中国提供资金和技术援助。国内气候投资存在总量不足和效率低下的问题，这些国际合作无疑起到缓解的作用。

2013年，与中国开展的气候变化项目中，世界银行集团的数量最多，亚洲开发银行和法国开发署次之。投资方式有贷款、赠款、技术援助和配套资金，最主要的合作方式还是贷款。

中国在气候变化领域的国际合作日趋增多，缓解了中国气候资金短缺问题，但还需进一步拓展合作领域和合作深度的空间。

Conclusion

Multilateral and bilateral financial institutions are important channel for international capital, especially public international capital to flow into China. Financial institutions with multiple channels being quite active in climate investment field, generally invest in the form of loans and grants. They are one of the important channels for global climate fund flow. Financial institutions with bilateral channels have close connection with China which include AFD, KFW and JICA.

Currently, the World Bank and China have 82 climate change projects. IFC invests 0. 225 billion USD on CHUEE. Projects approved by the Asian Development Bank in 2013 had a total value of 0. 847 billion USD. The total sum of climate change projects with China after 2012 exceeds 4 billion USD. Meanwhile, AFD, KFW and JICA and other bilateral financial institutions also provide China with capital and technical support. Domestic climate investment has the problems of deficiency of total sum and low efficiency, which undoubtedly have been counterbalanced by international cooperation.

In 2013, the World Bank had the largest number of climate change projects carried out with China, the Asian Development Bank and AFD ranked second. The ways of investment include loans, grants, technical assistance and supporting capital with loan being the most commonplace way.

China's international cooperation in the field of climate change is gradually increasing, covering up China's climate capital shortage, but it still needs to expand cooperation field and depth further.

第4章 政策性银行投资

4.1 政策性银行融资

中国有三家政策性银行，即国家开发银行、中国进出口银行、中国农业发展银行。相对商业银行而言，政策性银行不以盈利为主要目的，在一些商业银行从盈利角度考虑不愿融资或者其资金实力难以达到的领域，或者是一些投资规模大、周期长、经济效益见效慢的项目上能够发挥自身优势，提供融资。所以，政策性银行应该在推动碳金融的过程中起到至关重要的作用。

4.1.1 国家开发银行

国家开发银行是中国的开发性金融机构。相对传统金融模式，开发性金融作为连接政府与市场的桥梁纽带，拥有更高的效率和能力，将金融目标与低碳发展的社会目标相结合，以长期、大额、稳定的融资支持，将碳金融这一新兴的投融资领域培育成商业可持续领域，以实现金融与经济、社会、环境的共同发展。

国家开发银行在气候变化和节能减排方面的举措主要包括：强化绿色信贷管理、支持可持续能源等项目建设、推进节能减排工作、推动金融创新等。近年来，国家开发银行出台了一系列环保和节能减排业务相关文件，明确碳金融目标和重点工作，持续扩大绿色信贷规模和业务创新投入，为碳金融推进提供强有力的政策性资金支持。

除此之外，国家开发银行还实行环境影响评价一票否决制，保持贷款项目环评合格率100%；严格控制“两高”和产能过剩行业的项目贷款；环保节能减排项目覆盖循环经济、清洁能源等19个节能减排相关行业和领域。截至2012年末，环保及节能减排贷款余额从2006年的1358亿元升至8453亿元，增加了5倍，具体环保及节能减排贷款发展情况和贷款结构分别如图4-1～图4-3所示。2012年年末，环保及节能减排贷款余额达

8 453 亿元，占贷款余额总额的 13%，其中超过 60% 用于低碳领域，具体包括可持续能源和节能减排等项目。

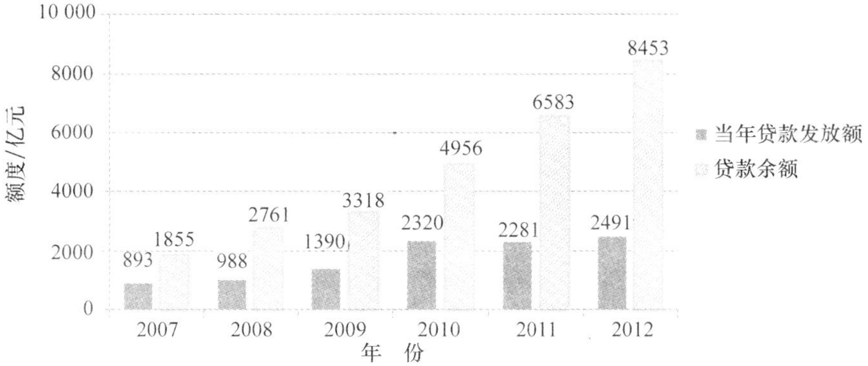

图 4-1　2007—2012 年环保及节能减排贷款

数据来源：国家开发银行社会责任报告、可持续发展报告。

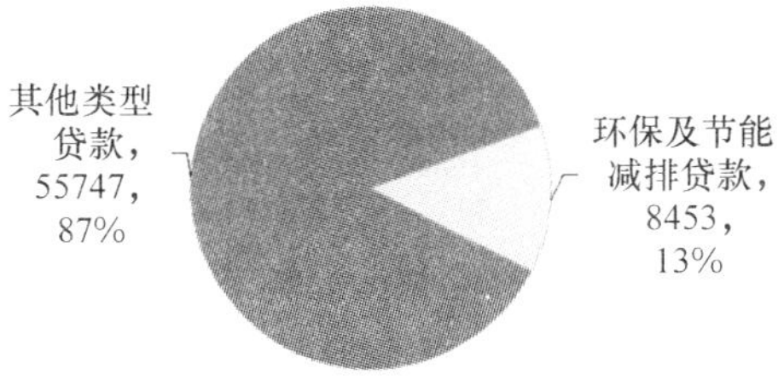

图 4-2　2012 年环保及节能减排贷款占比

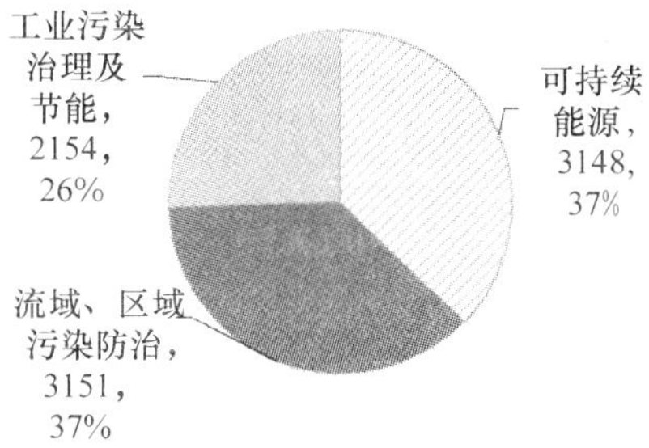

图 4-3　2012 年末环保及节能减排贷款结构

数据来源：国家开发银行社会责任报告、可持续发展报告。

4.1.2　中国进出口银行

中国进出口银行的主要金融目标是支持国际经济合作。在推行绿色信贷、支持均衡发展和绿色发展方面，中国进出口银行引进国际金融机构优惠贷款，对以节能减排与新能源贷款为主要内容的碳金融业务提供了资金支持。另外，中国进出口银行严格项目环保要求，加强项目环境风险管理，并与世界银行、国际金融公司等机构开展环境评价方面的交流，建立环保风险退出机制。

2012 年，中国进出口银行对新能源、高端装备制造、节能环保等三大战略性新兴产业的贷款余额近 1400 亿元，同比增长 18%。用于支持钢铁、造纸、有色等节能减排任务重的资源性企业转型升级和技术改造的贷款余额1000多亿元，同比增长24%。将投向水泥、平板玻璃、煤化工、焦炭和电解铝等7个行业的贷款余额控制在全部贷款余额的1%左右。2012年，中国进出口银行实施节能减排及新能源贷款项目30个，批准贷款43亿元人民币，贷款余额46亿元。历年来具体贷款情况见图4-4及图4-5。

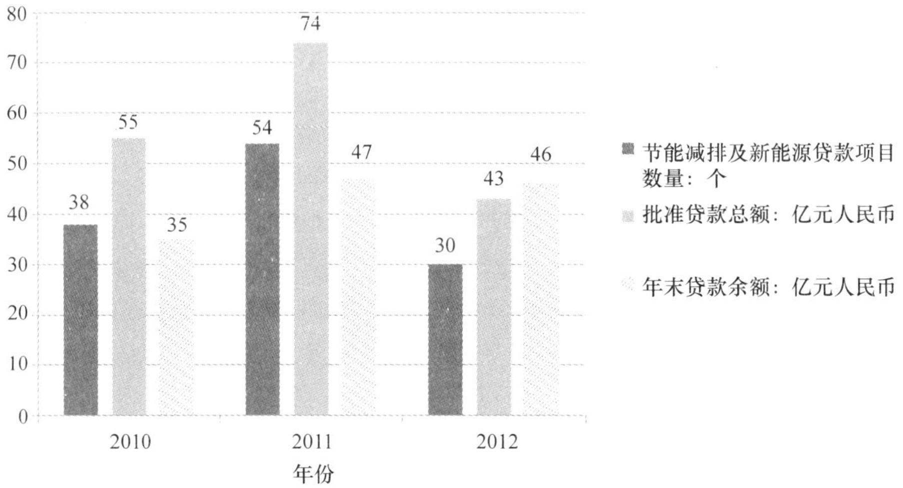

图4-4　中国进出口银行2010—2012年节能减排贷款情况

数据来源：中国进出口银行年度报告。

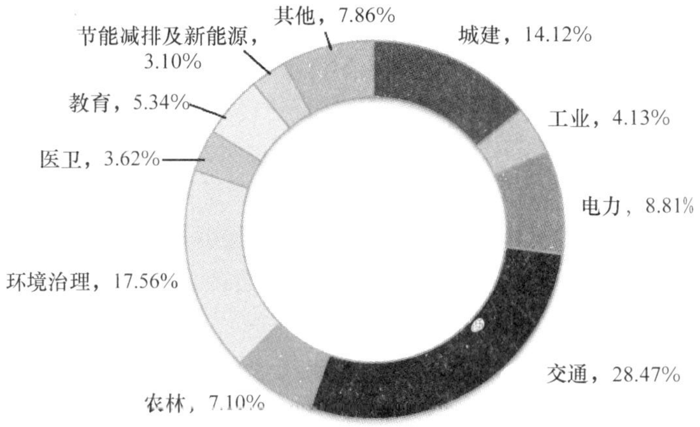

图4-5　外国政府及国家金融机构贷款余额行业分布情况

数据来源：中国进出口银行年度报告。

4.1.3 中国农业发展银行

中国农业发展银行绿色信贷重点支持农业和农村经济节能环保绿色发展项目，包括城镇污水处理、河道治理、水资源节约利用、生态及生活环境改善、能源综合利用改造、废弃物资源利用、循环经济试点、节能减排技改项目等。

截至2013年三季度末，该行支持节能减排绿色信贷方面的贷款余额665.81亿元，较年初增加160.11亿元，增幅31.66%。其中生态及生活环境改善项目516.54亿元，能源综合利用改造项目115.02亿元，循环经济试点10.55亿元，废弃物资源利用、节能减排技改项目等23.70亿元。

因政策目标所限，目前中国农业发展银行的绿色信贷规模较小，该行在碳金融方向的金融支持目前仍然较为欠缺。但是随着农村城镇化建设和新农村建设的逐步推进，农业农村相关的节能减排项目和融资需求也会逐步显现，国家财政政策将随之向节能减排方向倾斜，农业发展银行未来的碳金融潜力较大，值得关注。

4.2 政策性基金

碳基金，国际上通常指清洁发展机制下温室气体排放权交易的专门资金，而从广义上讲，所有以支持低碳经济和节能减排相关项目的基金均可定义为碳基金。世界上第一支碳基金是由世界银行于1999年设立的1.80亿美元的原型碳基金，其投资目的包括满足强制履约需求、获取金融收益、满足自愿减排需求以及促进低碳增长等。此后碳基金就层出不穷，发展出了很多各具特点的碳基金。

而碳基金不同于普通的投资基金，其具有公益性的特点，且存在投入大，投资回报周期长的问题，碳基金的资金来源主要由两个：一是公共部门，如政府、公益组织等；一是私人部门，包括企业和个人。本节中主要讨论政策性基金，中国的政策性基金主要包括CDM(清洁发展机制)基金和主权财富基金。

4.2.1 CDM基金

1. CDM基金简介

CDM基金是由国家批准设立的按照社会性基金模式管理的政策性基金。作为中国也是发展中国家首次建立的国家层面的专门应对气候变化的基金，CDM 基金的宗旨是支持国家应对气候变化工作，促进经济社会可持续发展。作为财政支持节能减排和低碳发展的创新资金机制，CDM 基金旨在配合财政主渠道，发挥种子资金撬动作用，动员社会资金参与和支持应对气候变化事业。

2. CDM 基金的资金来源

清洁基金的资金来源包括 CDM 项目转让温室气体减排量所获得收入中属于国家所有的部分（主要来源）、基金运营收入、国内外机构、组织和个人捐赠等。

依据《中国清洁发展机制基金管理办法》的相关规定，清洁基金开设专用账户，向参加《京都议定书》下 CDM 合作的中国项目业主企业收取国家收入，全额纳入基金，由基金管理中心具体负责筹集、管理和使用。表 4-1 中列出了《清洁发展机制项目运行管理办法（修订）》中规定的不同类别 CDM 项目的国家收入收取比例。

表 4-1 不同类别 CDM 项目的国家收入收取比例

CDM 项目类别	国家收入比例/(%)
氢氟碳化物（HFC）类项目	65
己二酸生产过程中的氧化亚氮（N_2O）项目	30
硝酸等生产过程中的氧化亚氮（N_2O）项目	10
全氟碳化物（PFC）类项目	5
其他类型项目	2

资料来源：中国清洁机制发展基金年报。

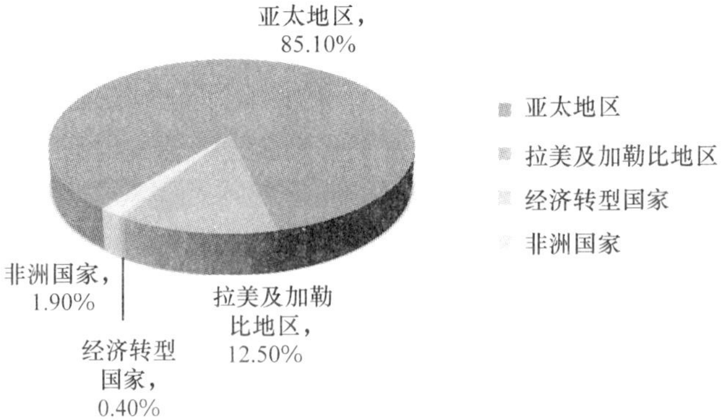

图 4-6 全球注册 CDM 项目分布图

数据来源：中国清洁机制发展基金年报。

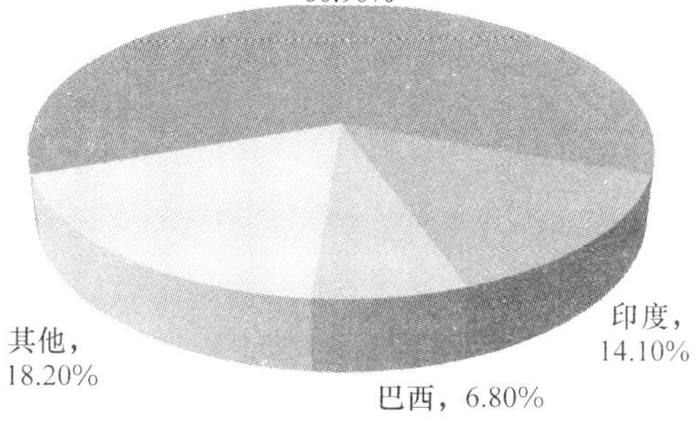

图 4-7　全球 CERs 签发情况分布图

数据来源：中国清洁机制发展基金年报。

图 4-6 和图 4-7 分别显示了 CDM 项目注册和 CERs 项目签发的情况，截至 2012 年 12 月 31 日，中国累计有 2915 个 CDM 项目注册成功，1055 个项目 2701 批次 CERs 获得签发，累计 7.03 亿吨二氧化碳当量，清洁基金累计收入了 1860 笔国家收入款项，折合人民币 121.5 亿元。图 4-8显示了中国 CDM 项目转让温室气体减排量所获得收入中国家收入的增长情况。

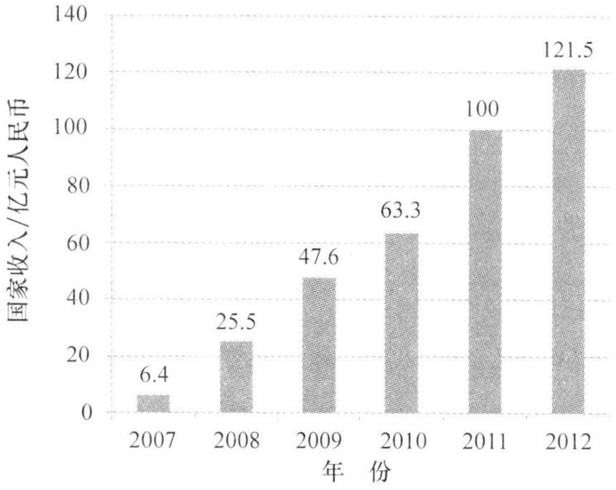

图 4-8　减排量国家收入增长情况

数据来源：中国清洁机制发展基金年报。

3. CDM 基金的资金使用

清洁基金的使用包括采取赠款和有偿使用等方式。清洁基金通过赠款方式支持有利于加强应对气候变化能力建设和提高公众应对气候变化意识的相关活动。赠款支持领域包括与应对气候变化相关的政策和学术研究、国际合作、宣传和培训教育等活动。

2011 年，清洁基金为第二批赠款项目安排 2.6 亿元预算，资助项目 125 个，124 个通过，于 2012 年签署协议并拨付首批资金。

截至 2012 年，清洁基金已累计安排 4.95 亿赠款基金。

表 4-2　2011 年度赠款项目一览表

项目类型	项目数/个	已拨付首笔赠款资金/万元
应对气候变化法律、战略和政策研究	14	1348
支持地方编制和实施应对气候变化规划	56	3240
推动低碳发展	19	2140
支持国际谈判和国际合作研究	13	760
支持碳市场机制研究	8	1684
增强适应气候变化能力	7	456
提高公众应对气候变化意识	7	652

资料来源：中国清洁机制发展基金年报。

除赠款方式外，清洁基金还通过有偿使用方式支持应对气候变化的产业活动，同时也扩大了业务规模，有利于基金的保值增值。

清洁基金的有偿使用业务于 2011 年开展，主要形式为清洁发展委托贷款，当年清洁发展委托贷款候选项目覆盖 13 个省，审批通过项目贷款规模 10.2 亿元，审批中贷款规模 5.17 亿元，涉及可再生能源、节能和能效提高，新能源装备和材料制造等领域。2012 年，有偿使用业务进一步拓展，审批项目贷款规模 28.8 亿元，撬动社会资金 151.26 亿元，涉及基础设施、化工、能源、新材料和高新产品制造等多个与国家应对气候变化工作密切相关行业，碳减排量和潜能达千万吨 CO_2。截至 2012 年年底，清洁基金已审核通过 68 个项目，覆盖全国 18 个省（市）贷款资金达 39 亿元，撬动社会资金 247.16 亿元。

表 4-3　清洁发展委托贷款支持的各地方项目类型、项目数和碳预算

单位：万吨二氧化碳当量/年

类型 / 省（市）	可再生能源		节能和提高能效		新能源装备和材料制造	
	项目数/个	减碳量或减碳潜能	项目数/个	减碳量或减碳潜能	项目数/个	减碳潜能
北京			1	63.51		
天津			1	2.58		
河北	1	1.17	1	3.34		

续表

类型 省(市)	可再生能源		节能和提高能效		新能源装备和材料制造	
	项目数/个	减碳量或减碳潜能	项目数/个	减碳量或减碳潜能	项目数/个	减碳潜能
山西			6	66.82		
吉林			1	7.73		
黑龙江			4	15.01		
江苏			2	100.60	2	48.36
浙江	1	0.94	1	0.91		
安徽	1	0.88	1	0.76	2	361.40
福建					1	593.83
江西	2	11.84	3	23.79		
山东	1	1.42			1	3.34
河南	3	89.51	1	4.25		
湖北			1	7.48	1	3.89
重庆			1	0.67	1	131.38
山西			4	65.18		
甘肃	1	9.74	1	4.35		
合计	10	115.50	29	366.98	8	1142.20

数据来源：中国清洁机制发展基金年报。

另外，为推动国内碳交易市场建设，清洁基金出资入股上海环境能源交易所，与国家电网、宝钢集团、华能集团、申能集团等十家中央和地方企事业单位共同成为上海环境能源交易所股份有限公司的股东。通过这一战略性投资，清洁基金既积极落实“十二五”规划关于逐步建立碳排放交易市场的要求，也为自身在未来国内碳市场进一步发挥作用打下坚实的基础，同时借此推动节能减排和低碳发展的核证、咨询、会展、金融等相关服务业的发展。

清洁基金在扩大清洁发展委托贷款业务和股权投资业务的同时，积极探索支持节能减排的创新融资模式，如中国节能减排融资(CHUEE)江苏项目，将公共资金作为“种子资金”，带动大规模市场资金投入低碳发展，放大使用效益；设计风险分担机制，保证在为银行节能减排贷款提供“增信”的同时，并不减轻银行加强贷款审查和风险管理的职责，有利于公共资金循环和有效使用；促进地方商业银行与国际金融机构的合作，促进机构能力建设和绿色信贷业务开展。公共资金和市场资金发挥各自优势和特长，取得了显著的“多赢”效果。

CHUEE 项目案例：

CHUEE 江苏项目借鉴财政部和世界银行集团国际金融公司(IFC)在中国实践的能效融资成功模式，由清洁基金会同财政部国际司、江苏省财政厅与 IFC 合作，共承诺出资 4.62 亿元(其中 IFC 承诺出资 3.72 亿元)，通过为江苏银行节能减排贷款提供损失风险分担，撬动江苏银行扩大节能减排贷款规模，支持国内民营企业在江苏省开展的能效、可再生能源及相关装备制造业项目。CHUEE 江苏项目将支持江苏银行发放总额可达 9.24 亿元的节能减排贷款，预估年二氧化碳减排量 103 万吨。

CHUEE 江苏项目的实施，是清洁基金作为国家层面应对气候变化的专门资金机制，探索建立低碳融资领域公共-私人部门合作伙伴关系，撬动市场资金共同投资低碳发展的一次重要实践，对于清洁基金发挥政策性基金引导作用，丰富投资手段，加大力度支持应对气候变化事业具有重要意义。

另外清洁基金还通过银行存款、购买国债、金融债、企业债等形式开展理财活动。

4.2.2 主权财富基金

主权财富(Sovereign Wealth)，是指一国政府通过特定税收与预算分配、可再生自然资源收入和国际收支盈余等方式积累形成的，由政府控制与支配的，通常以外币形式持有的公共财富。国际上对主权财富的管理方式一般是成立主权财富基金(Sovereign Wealth Funds，SWFs)，并设立通常独立于央行和财政部的专业投资机构对基金进行管理。

中国主权财富基金为中国投资有限责任公司，简称中投公司。中投公司成立于 2007 年 9 月 29 日，为国有独资公司，注册资本金 2000 亿美元，是全球最大的主权财富基金之一，其宗旨是实现国家外汇资金多元化投资，努力在可接受范围内实现股东权益最大化，服务于国家宏观经济发展和金融体制改革，完全基于商业原则开展境外投资业务，下设中投国际和中央汇金两家子公司。

相对央行外汇储备，主权财富基金管理方式更加积极，投资策略灵活，期限较长，较为符合低碳产业投资的特点和要求。表 4-5 中列出了中国投资有限责任公司 2012 年低碳节能相关的直接投资项目。

中投公司近年来关注能源领域，并“曲线”投向国内的新能源企业。2009 年 11 月 19 日，CIC 与保利协鑫能源控股有限公司签订了一项有约束力的框架性协议，以每股 1.79 港元的价格购买该公司约 31.08 亿股股票(总投资额约为 55 亿港元)，认购完成后，中投公司持有保利协鑫约 20%的摊薄后股权。中投公司和保利协鑫计划以 5 亿美元的初始总资本投入共同建立的合资公司，开发太阳能发电项目或其他太阳能能源项目。2009 年底，CIC 斥资 4 亿美元左右认购了中国最大风力发电公司——龙源电力在香港首次发行上市的股票。

在当前阶段，主权财富基金等机构投资者大规模投资碳金融，在投资过程中会存在一些障碍，主要包括以下几点：

第一，节能减排产业的结构较为分散，以中小型企业为主，集中度较低，主权财富基金投资规模相对较大，存在投资和融资的匹配问题。

第二，节能减排产业是新型专业投资领域，包括中投在内的主权财富基金缺少相关的技术专业人才，也缺少历史的数据和记录可供参考，增加了投资的风险。

第三，很多创新型节能减排企业尚未形成稳定的现金流，在技术上和财务上都不够成熟。

另外，虽然主权财富基金业务为境外业务，目前对国内低碳金融影响有限，但是通过国外主权财富基金来影响带动境外资金投资中国低碳领域金融也是一个可行渠道。

4.3　小　　结

以政策性银行和政策性基金为代表的政策性金融，是代表国家政策侧重和经济发展方向的金融风向标，对中国低碳产业融资起着举足轻重的作用。近年来，政策性银行对碳金融的支持力度逐步加大，并在举措和拓展方面有一定的创新，截至 2012 年，相关贷款规模已达 9000 亿元。而以 CDM 基金为代表的政策性基金则主要作为配合财政主渠道的种子资金，动员全社会参与和支持应对气候变化事业。截至 2012 年，CDM 基金累计收入 121.5 亿元，赠款和有偿使用基金达 44 亿元，撬动社会资金 247.16 亿元。

其中政策性银行是政府实现可持续发展，有效介入低碳经济问题的重要突破口和切入点。经过十几年的理论研究和实践探索，以国家开发银行为代表的政策性银行已经实现了从政策性金融向开发性金融的转变，并实现了对节能减排和低碳发展产业的推动和支持作用，起到了政策性金融弥补市场缺损和制度落后的作用。因此，政策性金融有望有效解决中国碳金融市场发展中的一系列关键性问题，从而对于碳金融市场的快速稳定发展具有一定的作用。

中国政策性银行共有三家，在碳金融方面各有侧重，回顾近年来政策性银行在碳金融方面的举措，国家开发银行碳金融方面的业务在规模和涉及范围上最大，影响也最广；中国进出口银行和农业发展银行因其政策目的所限，在碳金融方面投资较少，但在碳金融举措和扩展方面各有创新，未来有较大的发展潜力。整体而言，截至2012年年末，三家政策性银行累计节能减排与低碳相关贷款达9000亿元，在总额和占比上都呈现出明显的上涨趋势，一方面体现了政策性银行对低碳产业的融资支持和政策推动力度的加大，另一方面也折射出政策性银行对低碳事业的支持引导各个产业的绿色发展趋势，显示出了明显的良性循环。从业务范围上而言，政策性银行在强化绿色信贷管理、可持续能源和新能源项目、节能减排、农村经济节能绿色环保项目和低碳金融创新等方面，都施行了相应的举措，覆盖了国内各个行业的碳金融需求，实现了对节能减排和低碳发展产业的推动作用，通过信贷审核手段限制了高耗能、高污染产业的发展，发挥了政策性金融的市场调控作用。

从发展形势来看，未来在规模上升的同时，政策性银行对低碳产业的支持将更加规范化，导向性更强，从单纯地支持产业发展到引导全社会资产向低碳产业和低碳发展方向靠拢，从而实现整个社会的可持续发展。

中国政策性碳基金主要为CDM基金，同时主权财富基金也在海外市场的投资中，对国内的低碳产业起到了间接推动作用。其中，CDM基金作为国家层面应对气候变化的基金，起到了配合财政主渠道的种子资金作用，动员全社会参与和支持应对气候变化事业。

目前，CDM基金的主要来源为CDM项目转让温室气体减排量所获得收入中国家所有的部分，截至2012年，CDM基金累计收入了1860笔国家收入款项，折合人民币121.5亿元。在基金使用方面，截至2012年，清洁基金累计安排赠款基金4.95亿元，贷款达39亿元，撬动社会资金247.16亿元，并开展了股权投资业务和CHUEE节能减排融资项目等金融创新，拓宽了CDM基金的投融资领域和覆盖范围。自2011年开展有偿使用方式以来，CDM基金的使用范围从单纯的研究合作和宣传培训领域扩展到了委托贷款领域，运用杠杆原理和政策性基金的种子作用，发挥政策性基金的优势，打开了更广阔的投资空间。

Conclusion

Policy finance represented by policy banks and funds is financial wind vane for national policy emphasis and direction of economic development, playing a pivotal role in China's financing in low-carbon industries. In recent years, policy banks have gradually strengthened their support on carbon finance and made certain innovation on measures and expansion. Till 2012, scale of relevant loans reached 900 billion Yuan. While policy funds represented by CDM fund mainly serve as seed capital coordinating main financial channels and motivate the whole society to participate and support the cause of climate change mitigation. Till 2012, CDM fund had an accumulative income of 12.15 billion Yuan with 4.4 billion Yuan grants and paid use fund, leveraging social capital of 24.716 billion Yuan.

Policy banks are an important break-through and an entry point for the government to realize sustainable development and to effectively intervene low-carbon economic problems. Through over a decade's theoretical research and practical exploration, policy banks represented by the National Development Bank have achieved transformation from policy finance to development finance, and have realized its motivating and supporting effect on energy saving emissions reduction and low-carbon development industries. Therefore, policy finance is likely to resolve a series of critical issues in the development of China's carbon finance market, therefore playing a certain role in rapid and steady development of carbon finance market.

China has three policy banks and they have different emphasis in terms of carbon finance. Reviewing measures taken by policy banks in recent years, it can be found that carbon finance business of the National Development Bank has the largest scale, widest range and influence. China Import and Export Bank and the Agricultural Development Bank, being restricted by their policy purposes, have relatively limited investment on carbon finance. However, both have innovation for carbon finance measures, expansion and great development potential in future. Generally speaking, till the end of 2012, three policy banks had accumulative loans of 900 billion Yuan relevant to energy saving emissions reduction and low-carbon. It showed an obvious increase trend in terms of total sum and proportion. On one hand, it reflects strengthening of financing support and policy promotion by policy banks in low-carbon industries; on the other hand, it also reflects that support on low-carbon cause by policy banks guides green development trend of each industry, showing an obvious virtuous cycle. In terms of business range, in the aspects of intensifying green credit management, sustainable energy and new energy projects, energy saving and emissions reduction, economic and energy saving, green and environmental protection projects in rural areas, low-carbon finance innovation and other aspects, policy banks have implemented relevant measures, covered carbon finance demands from various sectors in China, realized their motivation effect on energy saving emissions reduction and low-carbon development industries, and restricted the development of industries with high energy consumption and high pollution through credit verification, playing the role of policy finance in market regulation.

From the perspective of development trend, in future, while increasing their support scale, policy banks will support low-carbon industries in a more standardized way with stronger guiding effect. They will transform from purely supporting industrial development to leading overall social capital to draw close to low-carbon development, thus achieving sustainable development of the whole society.

China's policy funds are mainly CDM funds while SWFs have indirectly promoted low-carbon industries in overseas markets. CDM fund, as a national fund addressing climate change, plays the role of seed capital supporting main financial channels and has motivated the whole society to participate and support the cause of addressing climate change.

At present, the main source of CDM fund is the state-owned part of revenues gained from greenhouse gases emissions reduction transferred by CDM projects. Till 2012, CDM fund had an accumulative revenue of 1,860 national incomes with a total value of 12.15 billion Yuan RMB.

In the aspect of fund use, till 2012, Clean fund had cumulatively arranged grant fund of 0.495 billion Yuan and loan of 3.9 billion Yuan, leveraged 24.716 billion Yuan social capital, carried out equity investment business and CHUEE projects and other financial innovation, widened investment and financing field and coverage of CDM fund. Since paid use in 2011, the use range of CDM fund has transformed from pure research cooperation, promotion and training to entrusted loans, taken advantage of leverage principle and the role of seed of policy fund, brought the advantages of policy fund into full play, and have opened up broader room for investment.

第5章 商业银行碳金融业务

商业银行碳金融业务可以分为绿色信贷和中间业务两大类。绿色信贷是指利用信贷手段促进节能减排的一系列政策、制度安排及实践。中间业务是指商业银行以中间人的身份，为客户提供碳金融理财、咨询、清算等账户管理以及信用评估与保函、担保等信用增级服务。目前，中国商业银行碳金融业务以绿色信贷为主。

5.1 绿色信贷

2012年，中国银监会发布《绿色信贷指引》，对银行金融机构实施绿色信贷政策提出了更明确的要求，在银行组织管理、政策制度及能力建设、授信流程以及内控管理等方面做出了可操作性的规范。目前，绿色信贷已成为环保部门和银行业联手打击企业环境违法行为、促进节能减排、规避金融风险的一个重要手段。

5.1.1 绿色信贷现状

目前，绿色信贷的贯彻落实主要以商业银行为主，具体情况有以下三个方面：

第一，绿色信贷覆盖范围越发广泛和全面。随着中国经济发展与资源环境矛盾日趋尖锐，商业银行绿色信贷业务除了限制对高污染、高消耗、低效率项目的资金贷款额度，还对研发、生产治污设施，从事生态保护与建设，开发、利用新能源，从事循环经济生产、绿色制造和生态农业的企业或机构提供贷款扶持并实施优惠性的低利率贷款。近期，国内大部分地区连续发生多次较大范围的雾霾天气，雾霾致使空气中污染物难以扩散，严重威胁到人们的身体健康。2013年，工商银行印发了《关于加强涉霾相关行业绿色信贷工作的通知》，提出了加强行业信贷结构调整、严格执行环保准入标准、加强环保风险监测与防控、培育节能环保新兴信贷市场等具体的政策要求，加强了对涉霾行业绿色信贷管理。

第二，绿色信贷方面的金融创新逐渐衍生。上海浦东发展银行积极金融创新，不断推出特色绿色金融服务：继率先推出《绿色信贷综合服务方案》；率先试水绿色金融，成功开展首单CDM财务顾问项目；率先联合发起成立中国第一个自愿减排联合组织等行动后，2010年，浦发银行持续创新：推出合同能源管理融资；创新排放权（碳权）交易金融服务，推出以化学需氧量（COD）和二氧化硫排污权为抵押品的抵押贷款。

第三，关于绿色信贷的配套政策标准逐渐推出，企业融资方面的新型服务逐渐推出。兴业银行是中国目前首家也是唯一的一家赤道银行。该行通过与国际金融公司合作，全面落实信贷政策，开发出为节能、清洁能源和减排项目提供资金支持的气候变化类融资产品——能效贷款。为满足客户多样化的绿色金融服务需求，该行针对不同客户和需求推出了“8+1”融资服务模式。“8”是传统信贷模式的运用，如节能减排技改项目融资模式、ODM项下融资模式、节能服务商（EMO）融资模式、节能减排设备供应商买方信贷融资模式等；“1”是非信贷融资模式，如发行短券、中票、中小企业集合票据等债务融资工具、金融租赁、结构化融资、信托融资等。

5.1.2　商业银行绿色排名

为了定量地研究中国商业银行绿色信贷的执行情况，选择资产排名前25的商业银行为研究对象，以查阅得到各商业银行最新年份的《企业社会责任报告》为手段，考虑到数据的完整性和有效性，得到其中18家绿色信贷余额和总资产的数据。按绿色信贷余额占总资产的比例，可得到商业银行绿色排名，详见表5-1。由于，这18家商业银行的总资产占全部商业银行总资产的90%以上，所以，用它们来说明国内商业银行绿色信贷的现状是客观和全面的。

表5-1　商业银行绿色信贷排名

排名	银行名称	银行性质	绿色信贷余额/亿元	总资产/亿元	绿色信贷余额占总资产比例/(%)
1	兴业银行股份有限公司 Industrial Bank Co., Ltd.	股份制	1126.09	32509.75	3.46
2	中国工商银行股份有限公司	大型	5980.00	189178.00	3.16
3	中国光大银行股份有限公司 China Everbright Co., Ltd.	股份制	716.82	22792.95	3.14
4	交通银行股份有限公司 Bank of Communications Co., Ltd.	大型	1440.28	52733.79	2.73

续表

排名	银行名称	银行性质	绿色信贷余额/亿元	总资产/亿元	绿色信贷余额占总资产比例/(%)
5	中国银行股份有限公司	大型	2587.59	138742.99	1.87
6	招商银行股份有限公司 China Merchants Bank, Co., Ltd.	股份制	610.57	34082.19	1.79
7	中国建设银行股份有限公司 Hua Xia Bank Co., Ltd.	大型	2396.37	139728.28	1.72
8	华夏银行股份有限公司 Hua Xia Bank Co., Ltd.	股份制	240.16	14888.60	1.61
9	平安银行股份有限公司	股份制	224.74	18917.41	1.19
10	北京银行股份有限公司 Bank of Beijing Co., Ltd.	城市	100.08	11199.69	0.89
11	广发银行股份有限公司 Guangdong Development Bank Co., Ltd.	股份制	78.08	11681.50	0.67
12	上海浦东发展股份有限公司	股份制	242.63	36801.00	0.66
13	中信银行股份有限公司 China CITIC Bank, Co., Ltd.	股份制	189.60	29599.39	0.64
14	中国农业银行股份有限公司	大型	733.98	145621.02	0.50
15	上海农村商业银行股份有限公司 Shanghai Rural Commercial Bank Co., Ltd.	农村	15.18	3562.05	0.43
16	宁波银行股份有限公司 Bank of Ningbo Co., Ltd.	城市	11.07	3735.37	0.30
17	上海银行股份有限公司 Bank of Shanghai Co., Ltd.	城市	21.36	8169.04	0.26
18	中国民生银行股份有限公司	股份制	49.20	32262.10	0.15
总　计			16763.80	926205.12	1.81

注：由于某些商业银行目前还未发布《2013 年企业社会责任报告》，故黑色标出的银行表示暂用 2012 年的数据代替 2013 年。

1. 信息披露

从表 5-1 可以看出，截止 2014 年 4 月 30 号，研究中的 18 家商业银行中只有 6 家公布了《2013 年企业社会责任报告》，而很多小型商业银行根本没有《企业社会责任报告》，仅能找到与环境保护相关的定性描述。这说明多数商业银行不但尚未按照绿色信贷要求健全组织框架并加强相关的能力建设，而且在此方面意识薄弱，实施绿色信贷的动力不足，导致信息披露不及时和不完整。作为以营利为目的的商业银行，在自觉履行企业社会责任的自律建设方面亟需加强。

2. 整体执行情况

绝大多数银行绿色信贷总额与总资产的比例低于 2%，排名第一的兴业银行绿色信贷余额占比也只有 3.46%。18 家商业银行绿色信贷余额为 16 763.80 亿元，占总资产的 1.81%，与总资产相差甚远。由此看出，商业银行在落实绿色信贷政策方面整体水平偏低，多数银行仍有较大提升空间(见图 5-1)。

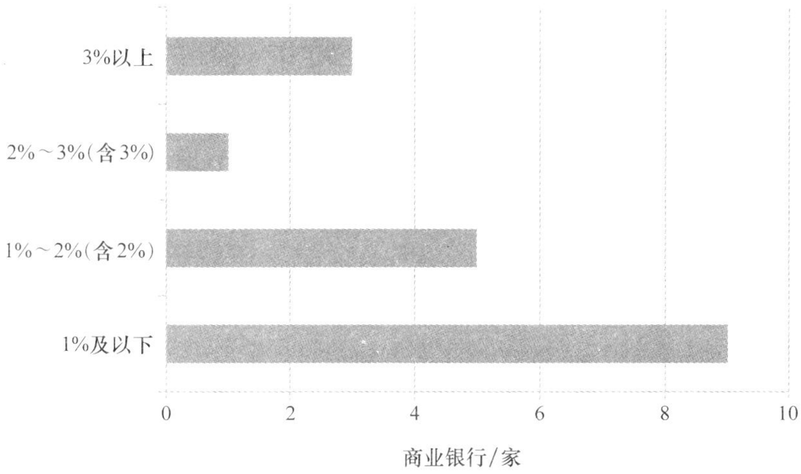

图 5-1　18 家商业银行绿色信贷余额占总资产的比例

图 5-2 反映了已公布《2013 年企业社会责任报告》的 6 家商业银行绿色信贷余额的变化情况。2013 年，除了浦发银行绿色信贷余额减少(较 2012 年下降 5.41%)以外，其余 5 家商业银行绿色信贷余额均有增加。从上升的幅度看，民生银行绿色信贷余额较 2012 年增加约 3 倍，其次是农业银行(较 2012 年增长 15.41%)和中国银行(较 2012 年增长 13.75%)，最后是平安银行(较 2012 年增长 3.30%)和工商银行(较 2013 年下长 0.78%)。这说明中国商业银行积极贯彻绿色信贷政策，绿色信贷发展态势良好。

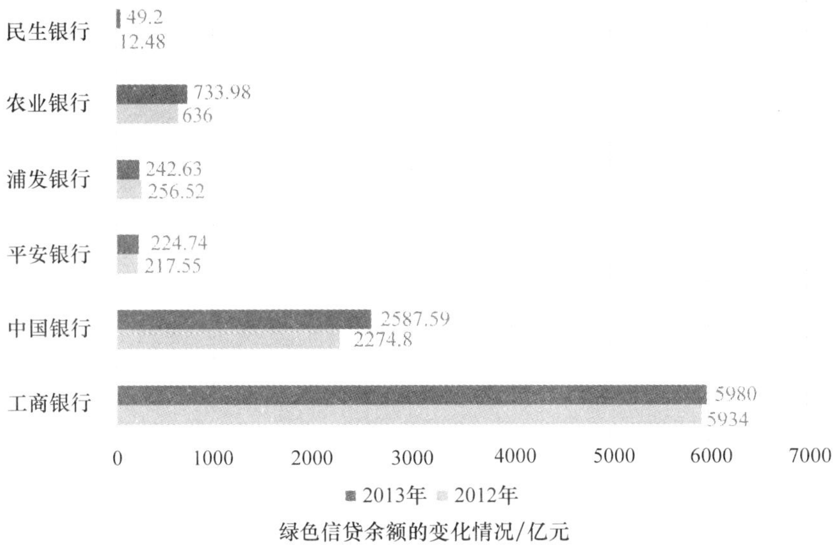

图 5-2 6 家商业银行 2012 与 2013 年绿色信贷余额的变化情况

3. 性质

按城市商业银行、股份制商业银行、农村商业银行、大型商业银行划分这 18 家商业银行,可得到图 5-3。18 家商业银行中,有一半的商业银行是股份制商业银行,5 家大型商业银行均包含在此,其次是城市商业银行,数量最少的是农村商业银行,仅 1 家。

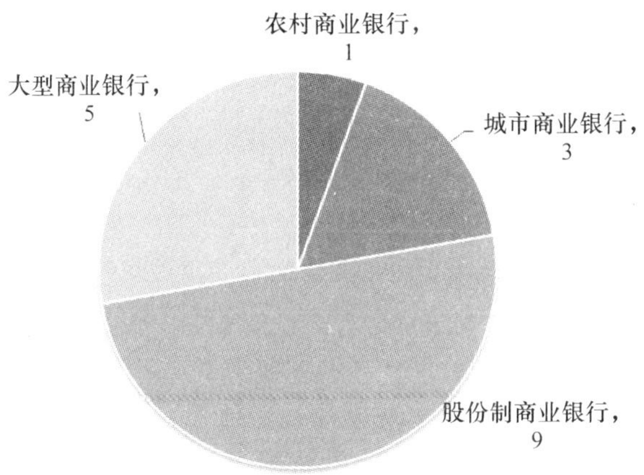

图 5-3 18 家商业银行的属性分布

不同性质商业银行绿色信贷执行情况不尽相同(见图 5-4)。

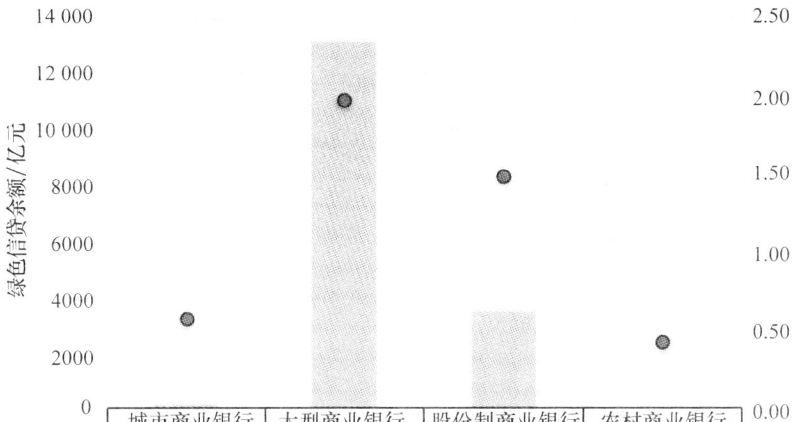

	城市商业银行	大型商业银行	股份制商业银行	农村商业银行
绿色信贷余额	132.51	13138.22	3477.89	15.18
●比例/(%)	0.57	1.97	1.49	0.43

图 5-4　不同性质商业银行绿色信贷情况

按绿色信贷余额占总资产的比例从高到低,可以细分为四个等级:

第一等级是大型商业银行。5 家大型商业银行(即中国工商银行股份有限公司、交通银行股份有限公司、中国银行股份有限公司、中国建设银行股份有限公司、中国农业银行股份有限公司)整体表现最好,其绿色信贷余额占 18 家绿色信贷余额总额的 78.37%,且绿色信贷余额与总资产比例高达 1.97%。除了中国农业银行股份有限公司以外,其余 4 家大型商业银行排名都位居前 10。这说明大型商业银行积极承担社会责任,在银行业大力发展绿色信贷业务中起到带头表率作用。

第二等级是股份制商业银行。由于股份制商业银行是由国家直接控股并为第一股东的商业银行,所以其也主动践行国家和地方绿色信贷相关政策。绿色信贷余额占总资产比例为 1.49%,兴业银行和中国光大银行更是分别高达 3.46%、3.14%。

第三等级是城市商业银行。城市商业银行绿色信贷余额占总资产比例为 0.57%,该比例不算高,这可能是因为城市商业银行的业务定位是为中小企业提供金融支持、为地方经济搭桥铺路的原因。研究中的 3 家城市商业银行中,北京银行股份有限公司在绿色信贷方面执行情况最好。

第四等级是农村商业银行。农村商业银行绿色信贷执行情况最差,绿色信贷总额只占总资产的 0.43%。另外,18 家商业银行中有且只有上海农村商业银行股份有限公司一家是农村商业银行性质,排名也很靠后

(第15名)。由此可见,农村商业银行目前重点仍是对农村经济发展的扶持,在绿色信贷方面关注明显不够。

5.2 中间业务

除了绿色信贷,商业银行开展碳金融服务还有一条路径,那就是发挥自己的专业特长,拓展中间业务,为客户提供碳金融理财、咨询、财务顾问、登记、托管、结算、清算等账户管理以及信用评估与保函、信用证、担保等信用增级服务。

由于国内碳交易平台比较分散、碳交易还很不活跃,CCER产品刚起步,碳配额衍生品还没有得到许可,国内商业银行所从事的碳金融中间业务还比较单一,对于项目咨询、二级市场交易以及相关延伸金融产品开发等领域涉足还比较少。但是,借鉴国外商业银行深度参与碳金融的经验,中国一些商业银行(特别是兴业银行)在碳金融中间业务方面也进行了有益探索,在碳金融理财、CDM项目服务、碳保理业务、低碳信用卡、碳信托等方面均有不同程度的创新(见表5-2)。

表5-2 商业银行绿色金融创新

银行	年份	产品
中国银行	2007	推出挂钩二氧化碳排放额度期货价格的汇聚宝0708L、0801L等理财产品。
	2008	开立金额为500万美元的EPA排放保证金包含的反担保保函。
	2009	办理金额为298万美元的国内首笔CDM碳交易融资及配套掉期业务。
	2010	澳大利亚珀斯分行为中冶澳洲三金矿业公司、敏加尔金矿有限公司等企业出具了环境保函。
	2013	中行山东省分行创新担保方式,向烟台润达垃圾处理运营有限公司提供了12年期3亿元的信贷支持。
交通银行	2007	首只挂钩水资源和铀能源股票的产品"得利宝·金橙3号——水涨铀高"95%保本美金1年期产品,产品收益与由3只全球水资源股票和2只全球铀能源股票组成的一揽子股票表现挂钩。
光大银行	2010	一款特殊的低碳理财产品——阳光理财·低碳公益理财产品,即每购买5万元理财产品,可购买1吨二氧化碳减排额度。投资者通过光大银行低碳公益理财产品,即可在北京环境交易所拥有"个人绿色档案",并可查询到所购买碳的项目具体信息。
	2010	"光合动力"低碳金融服务套餐,服务于合同能源管理领域的节能服务商和设备提供商、已在联合国成功注册清洁发展机制项目的企业和拥有林权、排放权等绿色权益的中小企业。

续表

银行	年份	产　　品
招商银行	2010	“金葵花”安心回报系列之生态文明特别理财计划。该产品特色在于招商银行接受客户委托将理财资金运作的超额收益部分，通过北京环境交易所碳交易平台购买二氧化碳排放抵偿额度。

资料来源：各相关文献和相关商业银行《企业社会责任报告》总结。

案例四：兴业银行的中间业务创新

兴业银行秉承着可持续发展的公司理念，大力发展绿色金融业务，积极探索绿色金融创新。目前，该行绿色金融业务覆盖低碳经济、循环经济、生态经济三大领域，项目遍及长三角、珠三角、环渤海湾、东北、中部等经济区域，项目涉及提高能效、新能源和可再生能源开发、碳减排、污水处理和水域治理，二氧化碳减排、固体废弃物循环利用等众多项目，已形成在实体经济领域强化绿色金融支持的业务特色。

① 排放权金融业务

针对国内近年来排污权交易试点体系的不断完善，该行在 2012 年 8 月正式推出“排污权抵押授信业务”，认可排污权抵押作为企业融资的担保方式，不仅帮助企业盘活排污权资产，缓解企业的燃眉之急，也让企业透过这项业务真实地体会到排污权的资产价值，调动企业对排污权资产的管理以及参与排污权交易市场的积极性，重视污染的预防与治理。

目前，兴业银行已经在排放权交易领域创设了质押融资、平台建设、交易服务和信息咨询类产品以及多种服务于排放权交易各个环节的服务产品和模式，同时针对国内 10 个排污权试点省市、7 个碳排放权试点省市，分别推出了综合性金融服务方案。

② 合同能源管理融资产品

2012 年，为鼓励合同能源管理的发展，本行针对合同能源管理融资困难的问题开发了专项适用的合同能源管理融资产品，推出合同能源管理项目收益权质押的融资模式。

安徽菱电节能科技服务有限公司申报的合同能源管理项目于 2012 年 10 月中旬获得本行合格项目评估，并于 2012 年 11 月 20 日成功发放首期项目贷款 250 万元。该笔业务是自本行合同能源管理融资产品诞生后全行的首笔业务落地，标志着本行可持续金融服务在一个全新的领域实现了重大突破。本次合同能源管理授信项目在全国范围内首次实现落地，获得了节能服务公司的高度认可，进一步在节能服务细分市场打响了兴业的“绿色”牌。

③ 绿色信托业务

2012 年，该行子公司——兴业国际信托有限公司以国家宏观产业发展规划为指导，以信托投融资方式推动地方政府投资公司、新型能源企业在治理城市环境、进行技术改造，提高能源利用效率和提供新型能源方面做出积极贡献。为包括节能环保、新能源、新材料等新兴环保产业提供资金支持，兴业国际信托有限公司 2012 年共向 12 家新兴产业公司发放信托贷款，金额合计 32.65 亿元，其中支持节能环保产业 4.4 亿元，支持新能源产业 23.25 亿元，支持新材料产业 5 亿元。

④ 绿色租赁业务

绿色租赁业务是兴业银行的传统优势领域，也是该行金融租赁板块的重点业务拓展领域之一。2012 年，该行子公司兴业金融租赁公司秉承本行绿色金融理念，以节能减排项目作为业务拓展重点，当前已经初步形成了节能减排设备融资租赁方面的核心竞争力。

⑤ 低碳信用卡

近三年来，绿色低碳理念已经随着兴业银行中国低碳信用卡的推广使用逐步走入普通消费生活中，获得了广大消费者对环保事业的支持。截至 2012 年末，累计发卡 16.92 万张，累计购买自愿碳减排量 4.05万吨，相当于 29.1 万人乘坐飞机飞行 1000 千米产生的碳排放量。

资料来源：《兴业银行 2012 年企业社会责任报告》。

5.3 小　结

目前，国内商业银行基本都开展了碳金融相关业务，以绿色信贷为主，以中间业务为辅。绿色信贷已成为环保部门和银行业联手打击企业环境违法行为、促进节能减排、规避金融风险的一个重要手段。

18 家主要商业银行绿色信贷余额有 16 763.8 亿元，占总资产的 1.81%，其中兴业银行占比最高，高达 3.46%。中国商业银行目前主要在绿色信贷方面有较大进展，主要表现为：

1. 与绿色信贷相关的制度、体制初步建立

2007 年，国家环保总局、人民银行和银监会（以下简称“三部门”）联合发布了《关于落实环保政策法规防范信贷风险的意见》，标志着绿色信

贷在中国的开端。随后，江苏、浙江、深圳等 20 多个省市的环保部门与金融机构联合出台了绿色信贷的实施方案和具体细则。除了各项总则，各个银行在实施过程中也制定了自己关于绿色信贷方面的文件。此外，2011 年 9 月 27 日，三部门又联合启动了“绿色信贷”评估研究项目，计划建立“中国绿色信贷数据中心”，为商业银行践行绿色信贷、管理和评估环境风险提供权威的信息支持。

2. 绿色信贷意识明显加强

自推行绿色信贷以来，商业银行普遍接受绿色信贷理念，纷纷制定各自的绿色信贷措施并积极贯彻执行，绿色信贷相关金融服务不断完善。商业银行在积极支持节能减排、循环经济和战略性新兴产业的同时，对“两高一剩”行业实施严格限额管控，严控新增授信。此外，还开展多种创新，深化了绿色信贷的内涵，增强了对环境的关注度及社会责任感。

3. 金融机构在绿色信贷上取得了阶段性成果

中国商业银行对绿色信贷政策的具体实施出现了三个层面的状况：以兴业银行为代表加入国际“赤道原则”组织的第一梯队；以工商银行、建设银行等自我建设绿色信贷政策标准为代表的第二梯队；以转发文件为主，缺少自主创新为代表的第三梯队。

相对于国外众多银行的深度参与，中国商业银行的中间业务发展尚处于初步阶段，业务简单，深度不足，但也进行了有意的尝试。如碳保理业务、节能服务商、碳资产质押授信、融资租赁模式为中国 CDM 项目业务提供融资支持，开发与低碳相关的理财产品和信用卡等。

综上所述，在国家“绿色信贷”政策导向下，中国商业银行碳金融业务得到一定程度的发展，但还处于被动阶段，发展较为缓慢，产品缺少创新，主要原因可归结为两方面：一是由于中国商业银行以盈利为目的的发展目标与履行社会责任之间存在着制约与平衡；二是由于中国碳市场尚未完全建立，碳市场交易机制还处于探索阶段，成交还很不活跃，碳期货和碳资产管理还停留在研究阶段。

据测算，2013 年，发达国家完成 60 亿吨的减排项目中，有约 40 亿吨来自购买中国的减排指标，而中国每年至少约 1.5 亿吨的二氧化碳核定减排量，则能够创造低碳交易最高可达 23 亿美元。但是，中国银行业涉及碳金融业务主要集中在减排贷款方面，仅有少数银行拓展了 CDM 咨询中介及相关服务、碳金融理财产品经营。如果中国银行业不能在低碳背景下就碳交易、碳证券等金融产品进行研究和开发，那么中国银行碳金融业务就会和世界碳金融市场脱轨越来越严重，就会丧失在碳金融市场的话语权。

Conclusion

At present, domestic commercial banks have carried out business relevant to carbon finance which is dominated by green credit and supplemented by intermediate business. Green credit has been an important means taken by environmental protection departments and banking to jointly combat environmentally illegal behaviors of enterprises, to promote energy saving emissions reduction and evade financial risks.

Green credit balance of 18 major commercial banks is 1,676.38 billion Yuan, being 1.81% of the whole assets, where Industrial Bank has the highest proportion which is 3.46%. China's commercial banks have made relatively great progress in green credit, which is manifested as follows:

A. Preliminary establishment of systems and institutions relevant to green credit

In 2007, SEPA, the People's Bank and CBRC (hereinafter referred to as the "Three Departments") jointly released *Opinions on Implementing Policies, Laws and Regulations on Environmental Protection and Preventing Credit Risks*, indicating the beginning of green credit in China. Soon afterwards, environmental protection departments and financial institutions from over 20 provinces and cities including Jiangsu Province, Zhejiang Province and Shenzhen Municipality jointly released their implementation plans and specific details for green credit. In addition to all general provisions, each bank formulated its own document on green credit during implementation. Besides, on September 27, 2011, the Three Departments jointly launched a "green credit" evaluation and research project, planned to establish "China Green Credit Data Center" to provide commercial banks with authorized information support for their practice of green credit, management and evaluation of environmental risks.

B. Obvious Raising of the Awareness of Green Credit

Since the implementation of green credit, commercial banks have generally accepted the concept of green credit, formulated their own measures for green credit and have actively put them into effect, leading to gradual perfection of financial services relevant to green credit. While actively supporting energy saving emissions reduction, cyclic economy and strategically emergent industries, commercial banks have carried out strict cap control on industries with high pollution, high energy consumption and over-capacity, and strict control on newly granted credits. In addition, they have also carried out multiple innovation, deepened the connotation of green credit, and have strengthened attention to environment and social responsibility.

C. Financial Institutions Making Initial Achievements in Green Credit

Three levels of conditions occur in terms of specific implementation of green credit by China's commercial banks: the first echelon represented by Industrial Bank that have joined international "Equator Principles" organization; the second echelon represented by Industrial and Commercial Bank of China and China Construction Bank and so on that have established their own policy standards for green credit; the third echelon are those that mainly forward documents and lack innovation.

In contrast with many in-depth participation of many banks abroad, the intermediate business of China's commercial banks is still at a preliminary stage with simple business and insufficient depth. But they have made conscious endeavors. For example, carbon factoring business, EMOs, carbon assets pledge and credit confirmation, and financing lease model provide China's CDM projects with financing support; relevant financial products and credit cards relevant to Low-carbon are developed, etc.

To sum up, guided by China's policies on "green credit", carbon finance business in China's commercial banks has developed to a certain degree, but it is still at a passive stage with slow development and products lacking innovation. The major reasons can be classified into two aspects: first, there are checks and balances between the profit-oriented developmental goal of China's commercial banks and fulfilling social responsibility; second, China's carbon market has not been completely established: carbon market trading mechanism is at an exploratory stage, transaction is not active at all, carbon futures and carbon assets management still stay in the research stage.

According to the calculation in 2013, among 6 billion tons of emissions reduction accomplished by developed countries, there are about 4 billion tons come from purchasing China's emissions reduction targets. China's annual certified carbon dioxide emissions reduction of at least 0.15 billion tons can create a low-carbon transaction value as high as 2.3 billion USD. However, carbon finance business involved in China's banking mainly concentrates in loans for emissions reduction, and only a few banks have widened CDM consulting agency and related business as well as carbon finance products management. If China's banking is not able to research and develop carbon emissions trading, carbon credits and other financial products under the background of low-carbon, then carbon finance business in China's banking will gradually and severely deviate from global carbon finance market and lose its say in carbon finance market.

第 6 章　基金会

基金会(foundation)，是指利用自然人、法人或者其他组织捐赠的财产，以从事公益事业为目的，按照基金会管理条例的规定成立的非营利性法人。基金会一般为民间非营利性组织，对兴办、维持或发展某项事业而储备的资金或专门拨款进行管理。基金会的资金具有明确的目的和用途，其宗旨是通过无偿资助，促进社会的科学、文化教育事业和社会福利救助等公益性事业的发展。

基金会分为面向公众募捐的公募基金会和不得面向公众募捐的非公募基金会。其中非公募基金会因缺少强制性披露的相关法律政策，数据可得性较低，本章中暂不做详细介绍。公募基金会按照募捐的地域范围，分为全国性公募基金会和地方性公募基金会，顾名思义，全国性公募基金会的公开募捐活动可以在全国范围内开展，而地方性公募基金会的公开募捐活动只能在登记注册地行政区域内开展。全国性和地方性公募基金会的原始注册金额要求也不同：全国性基金会不低于 800 万元，地方性基金会不低于 400 万元。

本章主要介绍的是与低碳事业相关的公募性质的基金会。

目前中国共有四个把低碳列入主要资金用途的全国性公募基金会，分别是：中国绿色碳汇基金会、中华环境保护基金会、中国生物多样性保护与绿色发展基金会和中国绿化基金会。这四个基金会的具体情况见表 6-1。

表 6-1　四个涉及低碳主题的全国性公募基金会

基金会名称	成立时间	业务主管部门	原始资金/万元
中国绿色碳汇基金会	2010-07-19	国家林业局	5000
中华环境保护基金会	1993-03-03	环境保护部	800
中国生物多样性保护与绿色发展基金会	1997-04-14	中国科学技术协会	800
中国绿化基金会	1985-09-27	国家林业局	800

资料来源：中国社会组织网、基金会数据在线。

6.1 全国性公募基金会

1. 中国绿色碳汇基金会

中国绿色碳汇基金会是国内第一家以增汇减排、应对气候变化为目的的全国性公募基金会，其理念是“绿色基金、植树造林、增汇减排、全球同行”。该基金会参与低碳相关的工作主要包括：以增汇减排为目的的造林、森林经营和森林保护；倡导低碳生产和生活理念，支持增汇减排的科学技术研究和教育培训；制定碳汇生产、计量、监测、核证、生态效益补偿等标准和加强碳汇事业的国际交流与合作等。该基金会原始基金数额为 5000 万元，全部来源于中国石油天然气集团公司捐赠。成立以后，基金会先后获得中国石油天然气集团公司、国电集团公司等数十家企业的捐款 3 亿多元人民币，在全国十多个省(区)营造了 100 多万亩碳汇林；同时，还开展了一系列宣传教育性质的社会活动，如以提升公民应对气候变化意识为主题的万人“参与碳补偿，消除碳足迹”活动和“八达岭碳汇林”、“北京建院附中碳汇科普林”等不同主题的个人捐资碳汇林的建设。

自 2010 年起，经碳汇基金会批准，在全国各地成立了多个碳汇专项基金，具体情况见表 6-2。

表 6-2 由中国绿色碳汇基金会发起成立的地方专项基金

专项基金名称	成立时间	主要发起方	初始募集资金/万元
山西碳汇专项基金	2010-09-27	山西省林业厅和山西宝洁房地产有限公司	2250
浙江碳汇专项基金	2010-09-27	浙江省林业厅	2582
温州碳汇专项基金	2011-01-11	浙江省温州市林业局和意大利米兰同乡会	1682
大兴安岭碳汇专项基金	2011-01-11	大兴安岭古莲河露天煤矿	1000
广东碳汇专项基金	2011-04-25	广东省林业局和广东长隆集团有限公司	1000
黑龙江碳汇专项基金	2011-09-15	黑龙江省桦南林业局煤炭公司	1000
黑河碳汇专项基金	2012-02-14	黑河市人民政府和黑龙江三道湾子金矿有限公司	260
陵水碳汇专项基金	2012-05-15	海南省陵水县人民政府和海南雅居乐房地产开发有限公司	1100

续表

专项基金名称	成立时间	主要发起方	初始募集资金/万元
林业信息化碳汇专项基金	2012-08-23	国家林业局信息中心和北京地林伟业信息技术有限责任公司	50
临安碳汇专项基金	2012-12-18	浙江省临安市人民政府	369
澄迈碳汇专项基金	2013-05-19	海南省澄迈县委、县政府	1000
永安碳汇专项基金	2013-10-18	福建省永安市人民政府	1000
丘北碳汇专项基金	2014-02-25	丘北县委、县政府	1000

资料来源：中国绿色碳汇基金会官网。

2. 中华环境保护基金会

中华环境保护基金会于1993年4月正式成立，其初始资金来源于联合国环境与发展大会颁发给中国环境科学专家曲格平教授的环境大奖奖金。基金会成立以来，先后开展了全民环境意识调查、中华环境奖、格平绿色行动、生态长城、小康幸福工程、大学生环保社团小额资助、生态卫生、动物保护、绿色助学等一系列公益项目。

2010年，中华环境保护基金会发起设立《清洁发展基金》(英文译名：Clean Development Fund，缩写为CDF)，简称“清基金”。清基金以“节能减碳，应对气候变化”为宗旨，专项开展各类倡导低碳生活、推动绿色经济的环保公益事业，是中国首个专门从事应对气候变化环境保护事业的公募基金。清基金旨在提高公众节能减碳、保护环境的意识与能力，倡导“低碳生活”；促进节能环保技术与环保产业的发展与应用，推动“绿色经济”；广泛募集、多方合作，以推动节能环保公益事业在中国的繁荣发展。

3. 中国绿化基金会

中国绿化基金会(China Green Foundation)是根据中共中央、国务院1984年3月1日《关于深入扎实地开展绿化祖国运动的指示》中，“为了满足国内外关心中国绿化事业、愿意提供捐赠的人士的意愿，成立中国绿化基金会”的决定，由乌兰夫等国家领导人支持，联合社会各界共同发起，经国务院常务会议批准，于1985年9月27日召开第一届理事会宣告成立，原始基金数额为800万元，来源于政府资助和社会捐赠。中国绿化基金会下属基金主要包括中国绿色碳基金、绿色1+1基金、中国绿色畅想基金、中国生态城市发展基金和中国碳中和基金等。

中国绿色碳基金属于全国性公募基金。基金先期由中国石油天然气集团公司捐资3亿元人民币，用于开展以吸收固定大气中二氧化碳为目的的造林、森林管理以及能源林基地建设等活动。该基金的建立，为企业、团体和个人志愿参加植树造林以及森林经营保护活动，从而增加碳汇以应对气候变化搭建了一个平台。

绿色 1+1 基金设立的目的是构建环境良好、低碳生态的和谐社会，推动生态文化。主要通过开展绿色时尚之夜年度活动、绿色中国行动等长期筹资的公益活动和各类爱心小型公益活动等筹集资金，组织社会各界力量共同宣传和参与公益。

中国绿色畅想基金是由中美燕信文化交流（北京）有限公司“根据《基金会管理条例》和《中国绿化基金会章程》发起设立”。其设立目的是树立让公众“保护地球，恢复生态，发展低碳经济”的意识并推动公众践行低碳生活方式，以此推进国土绿化，维护生态平衡。该基金的宗旨是：依法筹集和接受自然人、法人、其他组织的捐赠和政府资助，开展与保护地球、恢复生态、发展低碳经济相关的主题公益文化活动、公益文化交流，实现二者的良性循环发展；资助与保护地球、恢复生态、发展低碳经济相关的主题宣传、培训、研究、咨询、考察等公益活动；组织公众参与生态环保绿化事业。

中国生态城市发展基金是中国绿化基金会在 2011 年设立的专项基金，设立目的为加快改善城市生态环境，树立以人为本的理念，促进人与自然和谐发展。该基金的宗旨是：充分利用基金平台，开展多种形式的宣传发动，广泛募集社会资金，大力开展植树造林和生态治理，实现身边增绿和生态改善，改善城市生态，建设秀美家园，提高人民的生活质量服务。中国生态城市发展基金由中国绿化基金会设立的生态城市中国行组委会负责运作，选择一批有特色、有一定经济实力、地方政府重视造林绿化和生态建设的城市，与中国绿化基金会联合行动，广泛募资，举办宣传活动，开展绿化造林，传播生态理念。

中国碳中和基金为志愿开展碳中和造林的捐资企业和单位提供平台，并按照国家有关规定，帮助企业和单位组织实施造林固碳项目和活动。基金的运营由中国绿色基金会和环保部环境发展中心具体执行，中国绿化基金会根据企业和单位所捐“基金”款项，按国家碳汇造林有关规定，负责组织开展碳汇造林项目的造林面积测算、规划制定、项目实施、碳汇计量监测及落实管护措施等工作；环保部环境发展中心授权其所属中环联合（北京）认证中心有限公司根据上述造林面积、碳汇规划及定期的碳汇监测结果，在进行审定、核查/核证后，为企业和单位颁发“碳中和标识”和“碳中和核证证书”。

4. 中国生物多样性保护与绿色发展基金会

中国生物多样性保护与绿色发展基金会是经中国科学技术协会批准，由中华人民共和国民政部登记注册的全国性公募基金会，为独立社会团体法人，是专门从事生物多样性保护与绿色发展事业的民间非营利性公益组织。为适应时代发展，有机结合生物多样性保护与绿色发展，2009年“中国生物多样性保护基金会”更名为“中国生物多样性保护与绿色发展基会”，扩大了生物多样性保护的内涵与外延。中国生物多样性保护与绿色发展基金会也设立了一系列专项基金。

低碳出行专项基金是中国生物多样性保护与绿色发展基金会下属分支机构，致力于降低中国日益庞大的汽车碳排放。低碳出行专项基金用“一辆车，一亩林”的理念向广大低碳志愿者发出倡议，借助增加林木来消减车辆所排放的二氧化碳净化空气。

中国生物多样性保护与绿色发展基金会绿色节能科技专项基金由宁波晶博灯具有限公司投资成立，目的是促进中国绿色节能科技工作。该专项基金于2012年8月14日经中国科协批准，民政部正式备案，计划开展一系列与绿色节能科技相关的公益活动。

中国生物多样性与绿色发展基金会绿色之源专项基金由奥迪公司发起捐资成立，目的是资助和组织实施“绿色之源”专项基金募捐活动，资助建立用于推动“绿色之源”公益宣传活动，扶植与该项目有关的科技专业人才，并对有关贡献人员进行奖励，促进绿色之源领域内、国内、国际技术交流及提供人员培训的资助。该专项基金于2011年5月10日经中国科协批准，民政部正式备案。目前已开展的项目包括奥迪碳汇林、“智慧林”建设，北京科普之夏活动等。

6.2 全国性公募基金会资金募集和使用

随着国家和人民环保意识的不断增强，上述基金会的总资产也在不断增加，图6-1显示了2005—2012年上述四个基金会的总资产变化情况。从图中可以看出，中国绿色碳汇基金会从2010年成立之后，总资产增加非常迅速，显示出国家和公众对于低碳重视和关注程度的不断增加。中华环境保护基金会年末总资产也保持了强劲的增长势头，增加非常迅速。除基金会的总资产增长情况以外，我们在图6-2和图6-3中分别显示了2005—2012年上述四个基金会的捐赠收入和公益支出趋势图，整体来看，捐赠收入和公益支出表现出较强的一致性。

中华环境保护基金会 2013 年审计报告显示，该基金会 2013 年末总资产 139 732 365.91 元，相比 2012 年 124 253 240.68 元增长了 12.46%。中国绿化基金会 2013 年工作报告显示，2013 年募集现金加实物折合共计 111 059 608.34 元，2013 年末总资产为 202 918 127.58 元，相比 2012 年的 213 701 262.00 元下降了 5.05%。

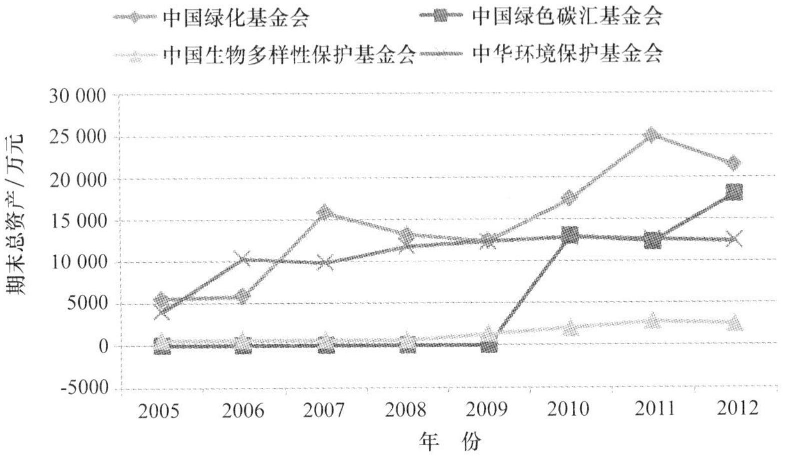

图 6-1　基金会 2005—2012 年末总资产趋势图

数据来源：基金会数据在线。

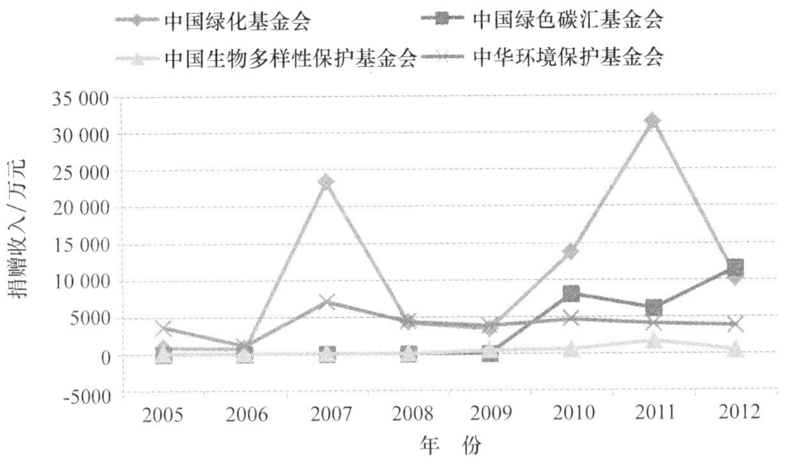

图 6-2　基金会 2005—2012 年捐赠收入趋势图

数据来源：基金会数据在线。

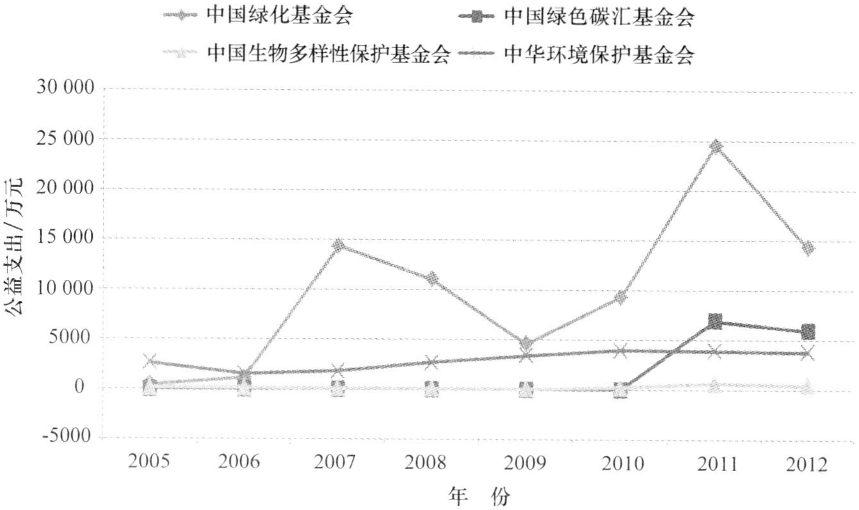

图 6-3 基金会 2005—2012 年公益支出趋势图

数据来源：基金会数据在线。

6.3 地方性公募基金会

除了上述 4 个国家性公募基金会以外，还有很多地方性公募基金会逐渐投入到了低碳减排事业中，这些地方性基金会的主要信息见表 6-3。

表 6-3 涉及低碳性主题的地方性公募基金会

	基金会名称	成立时间	业务主管部门	原始资金/万元
1	青岛绿华资源利用基金会	1992-06-17	青岛市安全生产监督管理局	400
2	北京节能与电力技术开发基金会	1988-11-14	北京市发展和改革委员会	400
3	北京绿化基金会	1992-02-18	首都绿化委员会	400
4	赤峰绿化基金会	2006-12-06	内蒙古自治区民政部	400
5	吉林省绿化基金会	1990-07-14	吉林省绿化办	400
6	江西省绿化基金会	2004-07-09	江西省绿化委	400
7	深圳市绿色基金会	1990-03-02	广东省深圳市城市管理局	545
8	甘肃省绿化基金会	2003-09-05	甘肃省林业厅	420
9	云南省杨善洲绿化基金会	2007-05-25	云南省林业厅	600

续表

	基金会名称	成立时间	业务主管部门	原始资金/万元
10	云南省绿色环境发展基金会	2008-01-14	云南省林业厅	400
11	山东环境保护基金会	1997-11-15	山东省环境保护局	400
12	广东省环境保护基金会	1999-02-25	广东省环境保护厅	400
13	北京环境保护基金会	1996-04-20	北京市环境保护局	400
14	新疆维吾尔自治区自然生态保护基金会	2000-09-08	新疆维吾尔自治区科协	400
15	吉林省荒漠化治理基金会	1997-11-15	吉林省林业厅	400
16	内蒙古治理荒漠化基金会	2006-04-05	内蒙古自治区科技厅	400
17	甘肃省治理荒漠化基金会	2004-11-05	甘肃省林业厅	400
18	青海省治理荒漠化基金会	2008-01-04	青海省林业厅	400
19	四川省治理荒漠化基金会	2008-10-15	四川省国土资源厅	400
20	内蒙古防沙治沙基金会	2007-07-30	内蒙古自治区林业厅	400

资料来源：基金会数据在线。

尽管表 6-3 中的基金会并未在名称明确显示低碳业务，但是基金会的业务范围包含低碳相关公益项目。除此之外，在上述 20 个地方性基金会中，有 11 个成立于 2000 年之后，其中 7 个成立于 2005 年之后，体现出国家和地方政府以及人民对于低碳环保重视程度的不断增加。上述地方性基金会设计的具体低碳相关业务包括节能技术和资源利用类、绿化基金类、环境保护和自然生态保护类以及荒漠化治理类等多个具体领域。项目涉及的低碳主题有：节约和合理使用能源进行减排，开展低碳宣传教育以加强人民低碳环保意识，植树造林进行“碳中和”等。

2012 年，上述 20 个地方基金会的总捐赠收入为 4923 万元，公益总支出为 2818 万元，占总捐赠收入的 57.26%。其中公益事业支出排名前三位的分别是云南省杨善洲绿化基金会、北京绿化基金会和内蒙古防沙治沙基金会。各地方性基金会 2012 年度捐赠收入、公益支出和 2012 年末总资产具体情况分别见图 6-4～图 6-6，横轴数字为表 6-3 中各基金对应序号。

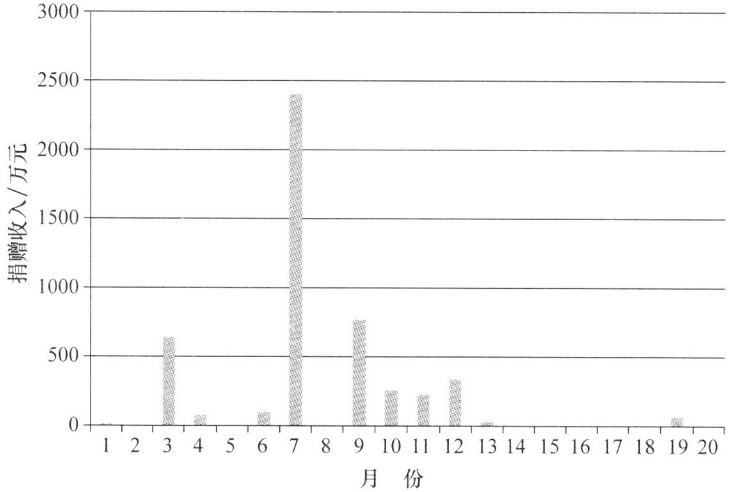

图 6-4　地方性基金会 2012 年捐赠收入

数据来源：基金会数据在线。

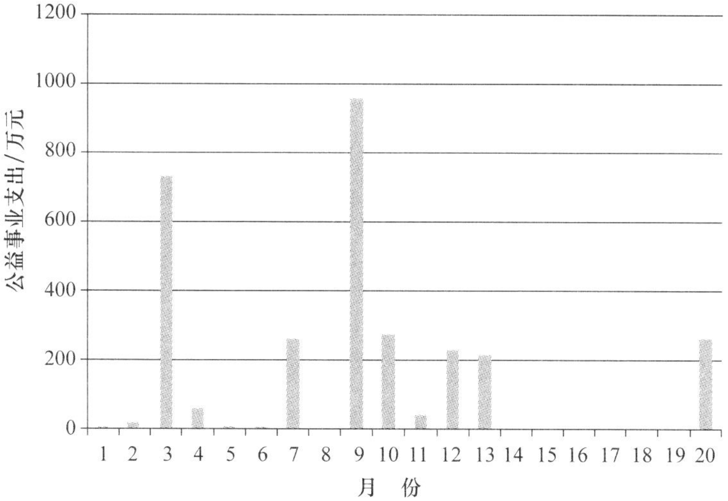

图 6-5　地方性基金会 2012 年公益支出

数据来源：基金会数据在线。

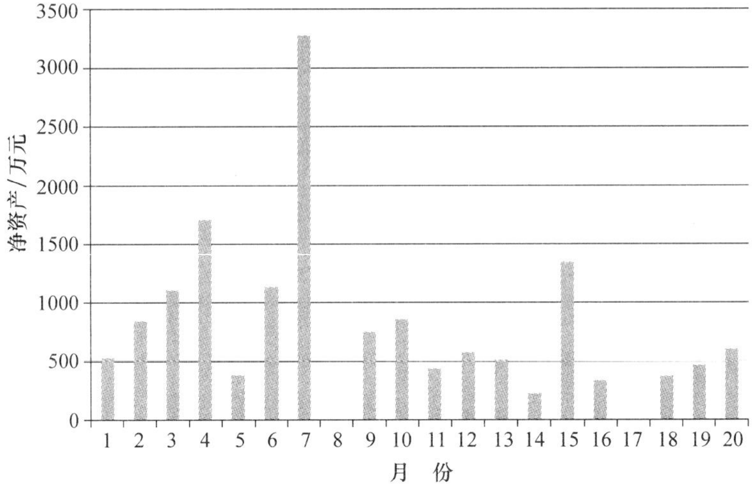

图 6-6 地方性基金会 2012 年末净资产

数据来源：基金会数据在线。

6.4 地方性基金会低碳项目范围

上述 20 个地方性基金会与低碳活动相关的领域主要集中在低碳意识宣传、节能技术改造、低碳学术研究支持、低碳技术人才培养支持和植树造林进行“碳中和”等方面。2012 年中，分别采用了包括绿化宣传、杂志出版、节能减排宣传和倡导绿色出行等方式在内的多种宣传手段。比如，由云南省绿色环境发展基金会举办的富源县化石能源开发利用状况调查及转型城镇培训，在烧炭资源利用状况的调查分析的基础上，开展清洁能源使用、低碳生活环境意识教育和培训，并提出能源优化途径，以提高民众的环境保护意识，践行低碳生活理念。在组织进行这些宣传活动中，共募集到资金 2 590 817 元，支出 2 163 061 元。

地方性基金会在推广节能技术和新能源设备上也投入了很多精力，包括路暖风机改造、建设沼气池、安装节柴炉和太阳能设备等具体措施。2012 年，基金会在低碳技术改造方面共募得 1 454 404 元，支出 1 307 533 元。与此同时，在低碳学术研究和人才培养方面，地方性基金会也做出了一定的贡献，比如进行低碳学术交流和设立节能奖学金等方式，2012 年共支出 382 375 元。

植树造林进行“碳中和”是地方基金会最主要的低碳项目。2012 年，地方基金会共进行了包括“绿化深圳活动”和“2012绿色生态景观林植树活动”在内的20多次植树造林活动，共募集资金26 188 759元，支出11 323 165元，对“碳中和”事业做出了重大贡献。

通过地方性基金会开展的活动可以看出，未来地方性基金会在低碳事业方面的投入将仍然集中在“碳中和”事业上，同时进行低碳宣传和教育活动，以及节能减排技术的推广和应用。我们相信，地方性基金会在引导人民弘扬低碳理念，进行低碳生活方面将发挥巨大作用。

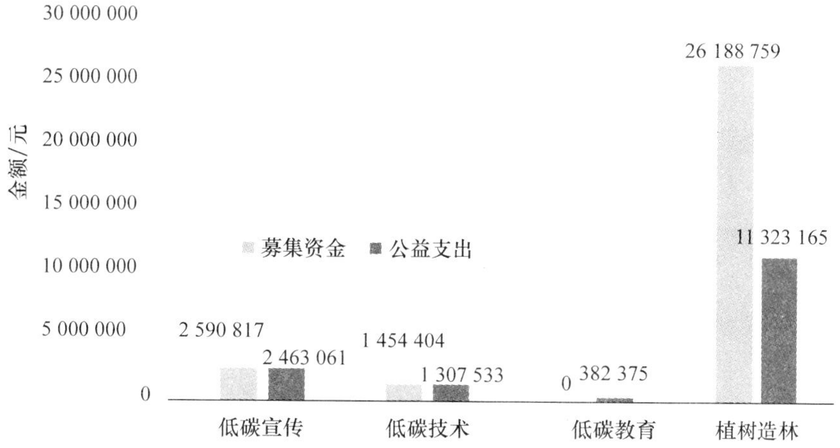

图6-7 地方性公募基金会2012年低碳项目资金募集和使用情况

6.5 小 结

社会性基金在碳金融中的角色主要是募集资金对节能减排相关事业提供资金支持，并且利用基金会规模效应开展低碳教育和宣传活动，促进形成崇尚绿色低碳的社会氛围。

中国将低碳列入主要资金用途的全国公募性基金共有4家，这些基金会普遍规模较大，涉及项目遍布全国，一般下设多个地方性或主题性专项基金，根据相应主题开展低碳项目投资，如植树造林，增加碳汇等，达到促进低碳发展、减缓气候变化的目的。近年来，全国性公募性基金发展迅速，2013年，4家基金会总资产达5.43亿元，累计公益支出11.81亿元。

国内将低碳列入主要资金用途的地方公募性基金共有20家，其中11个成立于2000年之后，7个成立于2005年之后，体现出国家和地方政府以及社会公众对于低碳环保重视程度的不断上升。2012年，上述20

个地方基金会的总捐赠收入为 4923 万元，公益总支出为 2818 万元，占总捐赠收入的 57.26%。

相对全国公募性基金，地方公募性基金有区域特色，例如西北地区的公募性基金更加侧重于荒漠化治理和防沙固碳，云南等地区的公募性基金更侧重于植被和自然环境恢复等，从而制造碳汇，减少大气中的碳总量；而北京、青岛等经济发达地区的基金则更偏向于节能技术开发和资源利用方面的低碳投资，从能源的利用端实现节能减排。同时地方性基金在相应区域开展了一系列的低碳宣传和教育活动，在引导人们弘扬低碳理念，进行低碳生活方面也有巨大的发展空间。

未来中国基金在低碳事业投资中将延续目前的模式，全国性公募基金与地方性公募基金相结合，充分发挥全国性公募基金的导向性作用和地方性基金更贴近区域发展、更了解区域现状的优势，引导更多的社会资本进入到低碳投资领域中，促进低碳事业的广泛和深入发展。

Conclusion

The role of social funds in carbon finance focuses on raising fund and funding causes relevant to energy saving and emissions reduction, carrying out low-carbon education and promotion activities by taking advantage of the foundation's scale effect to advocating green and low-carbon in the whole society.

In China, there are 4 national public foundations that have listed low-carbon into their fund use. They generally have a large scale and have projects nationwide. In general, they have multiple local or themed funds and carry out investment on low-carbon projects according to relevant themes, such as afforestation and increase carbon exchange in order to promote low-carbon development and mitigate climate change. In recent years, national public funds have developed rapidly. In 2013, the 4 foundations had total assets of 0.543 billion Yuan and an accumulative welfare expenditure of 1.181 billion Yuan.

There are 20 local public funds in China that have listed low-carbon as major fund use, where 11 were founded after 2000 and 7 after 2005, reflecting national and local governments and the public have continuously raised their awareness of low-carbon and environmental protection. In 2012, the above mentioned local foundations had a total donation income of 49.23 million Yuan, and a total welfare expenditure of 28.18 millions Yuan which is 57.26% of the total donation income.

In contrast to national public funds, local funds are regionally featured. For example, public funds in northwestern China emphasize more on desertification control and sequestration of sand and carbon; public funds in Yunnan Province etc. focus on restoration of vegetation and the natural environment to produce carbon exchange and reduce total carbon amount in the atmosphere; while funds in Beijing, Tianjin and other economically developed regions emphasize more on low-carbon investment on developing energy saving technologies and resources utilization, achieving energy saving emissions reduction at the using end of energy. Meanwhile, local funds have carried out a series of low-carbon promotion and education activities in relevant fields. They have great developmental room for guiding people to promote low-carbon concept and to advocate low-carbon lifestyle.

In future, China's funds will maintain present pattern for investment on low-carbon cause. National public funds and local public funds will unite to fully play the guiding role of the former and the advantage of being closer to regional development and learning about regional status quo of the latter, leading more social capital to invest on low-carbon and promoting extensive and profound development of low-carbon cause.

第 7 章　股票市场募集资金

随着证券市场的发展，上市公司已经成为中国经济的重要组成部分，上市公司投资也是低碳产业投资的重要资金渠道。本章试图通过统计上市公司在低碳领域投入募集资金的使用情况，分析 2013 年低碳节能行业通过股市融资投入的低碳项目与投资规模。

7.1　国内股票市场发展与低碳板块概况

7.1.1　国内股票市场现状

2013 年，沪深两市上市公司实现营业收入总额 271 514 亿元[①]，同时期全年 GDP 总量达到 56.8 万亿人民币，上市公司营业收入占比高达 47.5%，如表 7-1 所示。截至 2014 年 5 月 27 日，国内上市公司总共达到 2537 家，其中在深圳证券交易所上市 1578 家，在上海证券交易所上市 959 家。上市板块主要分为三类（主板、中小板与创业板），大部分中小型、高科技企业集中在深圳交易所的中小板块与创业板上市。中小板上市企业达到 701 家，创业板上市企业达到 355 家。据上海证券交易所披露，2013 年全年无企业获准上市，但是仍有 183 次增发行为，159 只股票获得增发，募得资金 2039.74 亿人民币，还有 9 家企业进行了配股，募得资金 383.42 亿人民币，募集资金总量达 2423.16 亿人民币。在深圳交易所，2013 年股票募集资金总额达到 1761.96 亿人民币，其中中小板股票筹资达到 536.63 亿人民币，创业板股票筹资达到 78.72 亿人民币。

① 数据来源：同花顺 iFinD，截止日期 2014 年 5 月 9 日，根据 2537 家上市公司中 2534 家已披露年报公司信息统计。

表7-1　沪深两市2013年概况

指　　标	数　　值
深圳证券交易所	
上市公司	1536
上市证券	2328
总市值/亿元	87 911.92
总市值占GDP比重/(%)	16.97
全年累计股票筹资/亿元	1761.96
中小板股票筹资/亿元	536.63
创业板筹资/亿元	78.72
上海证券交易所	
上市公司	953
上市证券	1003
总市值	150 406.94
总市值占GDP比重/(%)	29.03
全年累计股票筹资/亿元	2423.16

数据来源：深圳交易所公告、上海交易所公告。

7.1.2　低碳产业

低碳产业是在国民经济中，有效运用资金、劳力、技术从事减少温室气体排放和降低能耗的各种行业，低碳产业主要核心是两部分：一个是清洁能源，包括太阳能、风能、生物能、水电潮汐地热等等，也包括延伸出来的清洁煤炭技术等等；另一个就是节能减排技术，主要是提高能源利用效率的各种技术，涉及工业，交通，建筑等等。比较传统意义上的节能环保产业与低碳产业，两者有重合，但也有区别。低碳产业减排污染物主要是指温室气体，传统环保行业诸如尾气处理、污水治理、生态修复等，其业务与低碳节能无关，这些行业的上市公司的募集资金，在本章中就不算在低碳产业募集资金的范畴。

证券市场常以概念板块区分不同业务类型的上市企业，本报告首先通过收集各个网站提出的概念板块，重新整理，以能源开发、利用的环节为主线，梳理不同类型的板块，从与节能低碳相关的板块中筛选相关企业。

(1) 能源生产环节。随着技术进步，不同类型的新能源开采与利用逐步实现了商业化，如太阳能光伏发电、风力发电、核能发电、生物燃料的转化、可燃冰与页岩气[①]开采等。除了这些新能源电力供应商、燃料生产商外，上游设备生产商也属于低碳产业范围。

(2) 能源运输与储存环节。传统电网下，存在大量能量损耗，包括运输损耗、用电低谷过量发电、节余电量无法储存等问题，智能电网的提出就是为了解决这些问题，智能电网研发企业与设备制造公司也成为低碳领域。

(3) 能源利用环节。在现有的能源消费习惯下，存在大量浪费与多余损耗，提高能源利用效率也发展成为一个庞大的产业。这部分包括专门的节能服务公司、LED 行业、建筑物节能改造等公司。

(4) 新能源汽车。使用纯电动汽车或混合动力汽车可以有效减少碳排放，新能源汽车低碳产业的重点领域，因此单独列出。新能源汽车产业包括从新材料、电池、充电桩到汽车研发、生产整个产业链。

按照以上标准，最终在沪深两市 2500 多家上市企业中筛选出 429 家涉及节能与新能源研发使用的公司，这些公司业务类型涵盖初级能源、电力、新能源汽车、大型电器设备、节能设备、储能设备、通信光电、照明、新型材料、化工、环保工程、房地产等行业(各行业占比见图 7-1)。其中传统能源生产行业，新能源设备制造业以及汽车行业列居前三。

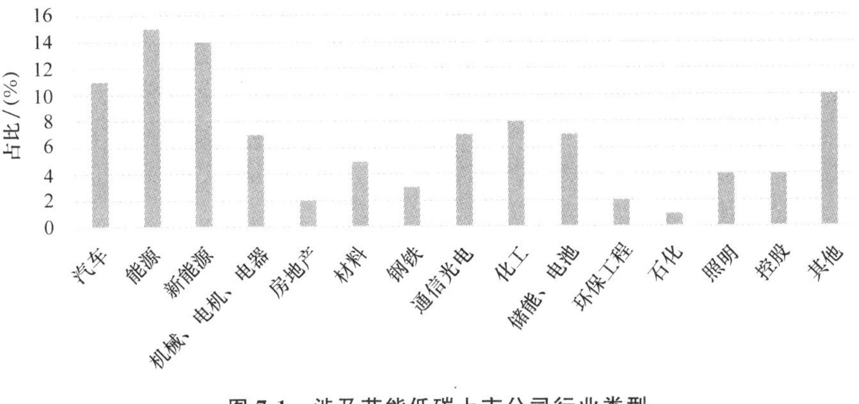

图 7-1　涉及节能低碳上市公司行业类型

传统能源生产行业上市公司多达 63 家，主要有华电能源、华能国际、国投电力、大唐发电等，开展业务包括热电联产、火电改造、扩建清洁能源发电站等。募集资金使用情况示例如表 7-2 所示。

---

① 页岩气虽然仍然是传统化石燃料，但是天然气燃烧相对于煤与汽油来说利用效率更高，产生污染气体更少，因此也将其列为低碳节能行业。

表 7-2　能源生产上市公司募集资金使用示例

上市公司	项目类型	项目名称	2013 年募集资金投入/万元
华能国际	风力发电	甘肃干河口第二风电场项目	130 000
		甘肃桥湾第二风电场项目	130 000
		甘肃桥湾第三风电场项目	71 917
		华能康保风电场一期 49.5 兆瓦工程项目	37 000
华电电力	热电联产	哈尔滨第三发电厂集中供热热网工程	6200
国投电力	水力发电	雅砻江水电官地、桐子林电站项目	1169.02

紧随其后的是新能源设备制造业，上市公司数量达到 60 家，如日出东方、中材科技、华锐风电等上市公司，这些从事能源生产、设备制造、工程建设等，业务范围包括核电设备研发、太阳能光伏板制造、风电塔与风电叶片制造、新材料研究等。募集资金使用示例如表 7-3 所示。

表 7-3　新能源设备制造业募集资金使用示例

上市公司	项目类型	项目名称	2013 年募集资金投入/万元
金风科技	风电设备	江苏大丰海上风电机组研发和制造基地项目	5778.92
		6MW 直驱永磁风力发电机组研制项目	2545.41
国电南自	风电设备	大功率风电机组控制系统及变流器	534.56
沃尔核材	新材料	环保型改性新材料及系列产品生产基地建设项目	6623.59

位居第三的就是汽车行业，共有 51 家上市公司业务涉及新能源汽车。不断有研究报告指出，未来汽车行业的发展趋势就是新能源汽车，包括电动汽车、混合动力汽车、燃料电池汽车等。涉及新能源汽车的公司主要集中在整车生产、电池研发、动力系统研发生产等业务，包括宇通客车、比亚迪、南都电源等。募集资金使用示例如表 7-4 所示。

表 7-4　新能源汽车募集资金使用示例

上市公司	项目类型	项目名称	2013 年募集资金投入/万元
南都电源	新能源汽车电池	新建南都阀控密封电池生产线建设项目	1701.84
		新型动力及储能电池生产线建设项目	12 493.87

续表

上市公司	项目类型	项目名称	2013 年募集资金投入/万元
大洋电机	新能源汽车动力系统	新能源动力及控制系统产业化项目	4450.07
方正电机	新能源汽车动力系统	年产 10 万台纯电动汽车驱动系统项目	9540.69
宇通客车	新能源汽车整车生产	节能与新能源客车生产基地项目	40 357.08

节能环保涉及各个行业，除了前述三个主要行业，在制造业、建筑业、包括各个服务行业都存在不同程度的节能环保投资，在此不一一列举。

7.2 募集资金使用情况

企业投入再生产资金来源包括政府扶持、银行贷款、股市融资、企业利润等，但是由于很多投资情况都属于商业机密，除非法规强制规定必须的信息披露，一般企业都对此保密，即使对外界披露，也不是很详尽。目前对上市公司具体投资信息收集的主要渠道是企业募集资金使用报告。募集资金主要由上市公司在股票市场通过新股发行、增发与配股获得。如果项目收益的市场预期良好，对投资者吸引力较大，企业还可以获得超出预期的资金，这部分构成超募资金。由于中国现行法律的规定，募集资金必须专款专用，上市公司必须承诺按期将其用在特定事项，并定期报告。通过收集整理 429 家涉足低碳节能企业的募集资金使用报告，本书将追踪上市公司在哪些节能领域投入资金以及这部分资金规模，借此了解目前中国低碳节能行业的整体发展方向与热门领域；此外，通过和中国现行的节能减排规划以及行业减排压力进行对比，可以为接下来的调整提供一定参考。

7.2.1 募集资金整体使用情况

上市首发股票是获得募集资金的最主要渠道，近几年由于中国停止审核 IPO，证券市场的融资功能受到大幅度削弱，但是由于募集资金使用周期及相关规定——企业必须逐年分批投入募资项目，而且企业仍可通过增发与配股筹集资金，2013 年投入使用的募集资金规模仍然不容小视。通过逐个收集查阅 2013 年沪深两市涉及节能低碳领域的上市公司的年报及募集资金专项使用报告，统计得出（如图 7-2），在 2013 年度，共有 237 家上市公司在低碳节能领域投入了专项资金，超过全部相关上市企业总量半数，实际投资项目数量超过 1000 个，当期投入总金额达到 490 亿元人民币。剩余没有投入募集资金的公司，虽然年报中宣称涉足节能低碳领域，但在 2013 年度并未获取募集资金或者没有募集资金投入至与低碳节能相关的领域。

图 7-2　低碳节能相关企业募资资金使用

通过调查各相关上市公司募集资金使用报告，目前 237 家上市公司将募集资金大致投在五个方向上，分别为新能源发电、新能源汽车、新能源设备与技术、节能设备与技术以及其他类别，如图 7-3。

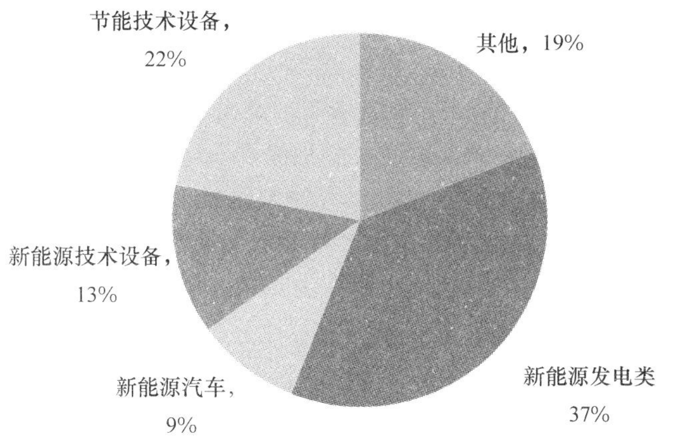

图 7-3　各类项目募集资金使用占比

（1）新能源发电类投资，指企业涉及发电业节能改造、清洁能源推广等项目投资，主要集中在投资新建风力发电站、扩建水电站、太阳能利用等，也包含了一定的火电厂燃煤锅炉改造、热电联产等。经统计，目前新能源发电类项目投资总额是五个类别首位，2013年新能源发电类募集资金投资额占全部低碳节能投资的37%。这由多个因素造成。在任何国家，初级能源供应商面临着最大的减排压力，一方面，各国碳排放主要由能源企业产生；另一方面，现有技术突破与改进意味着能源供应企业有较大的节能减排潜力。中国政府也相继出台了各类政策促进能源企业节能改造与推广清洁能源。除了政策鼓励，也有部分原因是由于发电厂建设周期长，投资规模大，单次投资额就超过数条普通节能设备生产线投资总额。一般募集资金单个项目年度投资额在百万级别，但是以桂冠电力-岩滩水电厂扩建投资为例，2013年单一项目投入募集资金达5.44亿元人民币。

（2）新能源汽车类投资，指企业参与新能源汽车整车设计、电池、材料、动力系统等各个生产流程研发生产投资，还包括汽车“油改气”改造后配套储气罐、高压气瓶的研发生产。由于大部分，这部分募集资金使用也归到此类。新能源汽车行业正处于上升期，预计将有大量募集资金投入到这一领域，但事实情况略有出入，新能源汽车类别的募集资金在2013年募集资金投入总量占比仅达到9%，为所有类别中数值最小。而在统计中，发现各个大型汽车生产厂商很少有投入募集资金使用，一方面，可能是由于大型汽车生产厂商入市较早，而近几年不存在增发配股等情形，不存在募集资金使用投入，例如一汽、江淮、比亚迪等，2013年度不存在募集资金使用；另一方面，汽车公司大部分为大型国有企业，资金渠道充足，对股市募集资金需求较少，以江淮汽车为例，尽管投入了大量资金建设小排量汽车生产线，但注明资金来源为非募集资金。因此现有新能源汽车类募集资金投入大部分集中在电池生产及零部件厂商投资。

（3）新能源设备与技术类投资，指的是服务于新能源发电的各类制造业企业在太阳能、风能、核能等清洁能源发电所必需的新材料、专用设备、零配件等领域投资。在中国，这类投资主要集中在是风电机组生产、风电叶片所需特种纤维材料研发，太阳能光伏板与更上游的单晶硅、多晶硅生产等。据统计，2013年新能源设备与技术类项目募集资金总投入占全部资金投入总量13%，位居四大类别第三位。在各个公司年报中，针对此类项目募集资金投入出现了一部分更改，主要是因为国家宏观经济的调整以及新能源发电厂建设放缓，导致部分公司业绩受到影响，为避免进一步损失，将部分承诺投资作出更改，投入到其他收益更为稳定的产业，如中材科技将一部分风电材料的生产线投资转投新能源汽车行业，研发高压气瓶。

(4) 节能设备与技术类投资,指的是企业在节能项目改造、节能材料及设备研发生产等领域的投资。节能项目改造包括企业自身对生产线的节能改造,也包括节能服务公司为其他公司提供的技改服务,包括汰换工业使用煤电锅炉、电力传输设备改造、绿色建筑改造建设、电压零件改造等。节能材料及设备研发生产包括家用电器节能化研发及生产、LED 节能灯的研发与生产线投资、智能电网下的零部件研发生产等。这部分投资规模由于项目涵盖领域广,行业门槛低,对于大部分中小型企业而言,资金压力不如整车生产与发电站投资等行业,参与企业较多,募集资金投入项目也主要集中在这个类别之下,类别募集资金总量投入占比达到 22%,仅次于新能源发电产业。

(5) 其他类投资,指不能归入四类投资的其他低碳节能项目投资。以上四种分类已经涵盖了大部分低碳节能相关企业的募集资金投入项目,但仍然存在诸如合同能源管理,投资建立全资子公司用以从事低碳节能业务等项目投资,此外由于研究者背景限制,部分企业可以确定从事的项目为低碳节能相关,但无法进一步归类为以上几种,在此归入其他类别。

7.2.2　新能源发电行业分析

新能源发电行业作为中国目前节能低碳行业领头羊,募集资金投入总量较大,下属各个类别电力生产子行业区分明显,因此,本书将继续对本行业进行深入分析。

新能源发电主要是利用太阳能、风能、水力、核能等清洁能源生产电力,主要表现为投资建设发电站。2013 年,各类能源企业在新能源发电行业,总共投入募集资金 182.4 亿元。就募集资金投入项目而言,目前上市公司参与太阳能利用以及风能发电项目较多,如图 7-4 所示。

新能源发电投资中,光伏发电占据新能源发电募集资金投资额第一位,占比高达 35%。2013 年,光伏发电行业通过证券市场募集资金投资项目数总计 53 项,金额总计约 47.2 亿元。以上市公司日出东方为例,2012 年以 IPO 公开发行模式,向市场募集 21.5 亿元资金,这部分资金承诺于 2013 年度投入 1.4 亿元建设连云港生产基地年产 160 万台太阳能热水器建设项目、阳台壁挂式太阳能热水器建设项目及研发中心建设项目。光伏产业位居新能源发电的部分原因是由于,相对于其他新能源发电行业,光伏产业更具亲民性,除了大型发电站以外,太阳能产业在中国更多地集中在民用领域，特别是太阳能热水器行业完全服务于民用领域①。

与光伏发电业不相上下的新能源发电业为风力发电。2013年，共有40家上市公司在风电行业投入募集资金，投入项目达到77项，项目数为国内新能源发电业第一，当年度投入募集资金总额约为40.3亿元，仅次于太阳能产业。这部分投资产生效果也非常显著。2013年，中国风电新增装机容量为1610×10^4kW，较2012年的1296×10^4kW大幅提高24%，中国风电累计装机已突破9000×10^4kW，16.1GW的总装机超过了市场预期的15GW(1GW=10^9W)②。在持续政策激励下，市场对风力发电募资充满信心，目前募得资金项目大部分在2011年就得以开展，并大多获得超募资金，按期投入至今。以能源企业国电电力为例，国电电力于2011年与2012年分别以可转债与非公开发行股票募集资金，于2013年，募集资金使用投入约19亿元于国内17个地区风力发电场与水力发电厂建设，并预计2014到2015年后陆续启用。

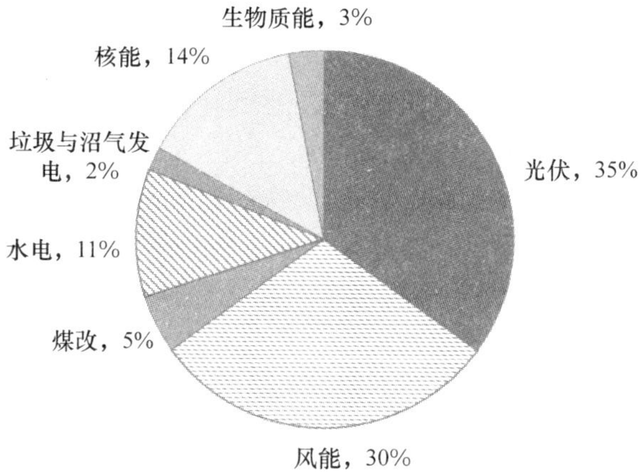

图 7-4 新能源发电业募集资金使用概况

水力发电在中国目前的新能源发电行业中也仍然占有相当地位，但其在募集资金投资额中占比并不如其在全国总发电量中的表现。目前，中国发电量中，除了火电占据绝对统治地位外，水力发电是唯一的占比超过10%的清洁能源，达到15%以上，但是通过募集资金研究发现，目前水

① 太阳能热水器，因其大量替代电力消耗与燃气消耗，在发电与因此纳入新能源发电行列，而非节能设备。

② 数据来源：《2014—2018年中国风电设备行业市场前瞻与投资战略规划分析报告》。

力发电项目募集资金投入有限，且主要集中在原有水电站扩建上，占新能源发电业募集资金投资总额的11%。值得注意的是，目前国际上对小水电的环保质疑越来越大，而国内政策也逐步倾斜向“上大压小”，因此，水电募集资金占比略低应该是行业的正常反应，而且，随着对其他行业的扶持加大，预计水电与燃煤发电机组改造项目在新能源发电募集资金中的占比还会进一步下降。

核能在近期出现持续上升趋势，募集资金投入占比达到14%，仅次于光能与风能利用。据中国核能行业协会估算，2020年前中国核电直接投资将达6400亿元，其中设备投资为4800亿元。2013年，核电站建设进一步提速。2013年中国新增核电装机容量为2GW，据德意志银行预计，2014年新增核电装机容量为8GW，2015年13GW，到2020年投运装机容量达58GW，在建装机容量达30GW。

7.2.3　电动汽车行业分析

汽车工业在任何一个国家都是制造业的龙头，而中国汽车工业未来要取得超越，重点在新能源汽车是否能取得突破，本书继续对新能源汽车的募集资金使用情况进行分析。

新能源汽车目前主要集中在电动汽车及混合动力汽车的研发，因此，尽管还有许多公司从事生物质燃料转化、燃料电池研发、“油改气”改造等，本书将研究范围进一步约束在电动汽车及混合动力领域。2013年，在年报中明确披露投资电动汽车相关产业的上市公司达到30家，全行业募集资金当年使用额达到45.34亿元，涉及的细分领域包括整车生产（生产线投资）、发动机及动力系统研发、车用电池研发及锂矿开采、其他（新能源汽车子公司投资及充电桩等零散项目）。统计后，40个承诺投资项目开展如下：整车生产领域有5家企业投入募集资金，5个项目共投资161 268.5万元，占总共投资金额的36%；发动机及动力系统研发生产领域有10家企业16个项目，共投资152 172.3万元，占总共投资金额的33%；电池研发领域共有13家企业参与，涉及13个项目，投资额达到75 739.67万元，占比达到17%；其余4家企业投资6个项目，投资额达到64241.34万元，占总资金14%，如图7-5所示。

目前参与整车研发生产的企业较少，只有5家企业将募集资金投入在这个领域，如表7-5，其中，行业龙头上海一汽、比亚迪并未投入募集资金，前者募集使用报告中没有相关项目、比亚迪2013年募集资金主要用于补充流动资金。而现有的5家投资新能源汽车的行业4家都是客车生产商，投资

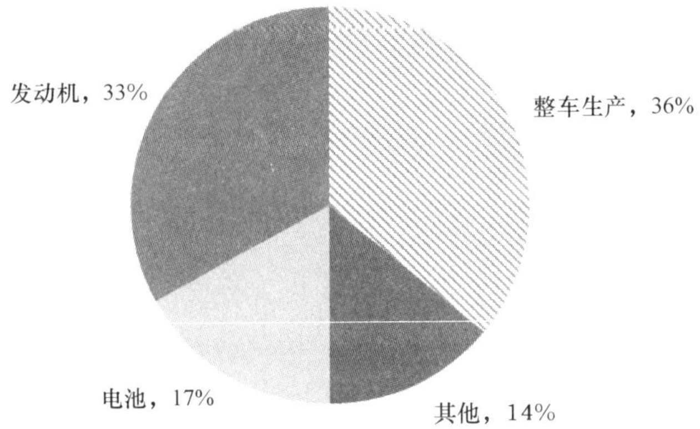

图 7-5 电动汽车各个领域投资比例

项目主要为电动巴士生产线扩建，而轿车研发只有一家。其中宇通客车在2013年投资金额为第一位，投入4亿建设客车生产基地。未来新能源汽车不仅仅局限在电动巴士，而是家用车、商务车全面展开，制约厂商进入新能源领域的一个核心难题是电池组续航能力与体积。目前续航能力久的电池体积偏大，难以适用于小型车，但对于巴士而言，应用无碍。

表 7-5 整车研发生产募集资金使用情况

公司名称	项目名称	承诺投资/万元
金龙汽车	新能源客车产品开发	38 991.41
海马汽车	海马商务汽车15万辆汽车技术改造项目	23 087.80
宇通客车	节能与新能源客车生产基地项目	40 357.08
中通客车	厂区搬迁及节能与新能源客车产业化项目	35 411.00
安凯客车	新能源汽车扩建及关键动力总成制造、研发一体化项目	23 421.23

电池作为新能源汽车的核心动力源，也是中国目前新能源汽车工业发展较为迅速的一个领域，但是统计发现，大部分电池生产商仍然集中在产业上游，以正负极材料、电池隔膜、碳酸锂盐制备为主，而整合为新能源动力电池的公司较少，投资募集资金到相关领域的公司只有三家，具体情况如表7-6。

表 7-6 动力类锂电池生产募集资金使用情况

公司名称	项目名称	承诺投资/万元
欣旺达	动力类锂离子电池模组技改项目	1 524.4
南都电源	新型动力及储能电池生产线建设项目	12 493.87
成飞集成	增资中航锂电建设锂离子动力电池项目	10 644.05

7.2.4 部分新型节能行业分析

涉及节能减排的技术服务公司和设备制造商涵盖了开展低碳节能项目的上市公司的绝大部分，2013年募集资金使用总量达到109亿，但其覆盖行业类型多样，具体行业难以细分，本书选取其中具有代表性的新型节能行业进一步分析，如图7-6。

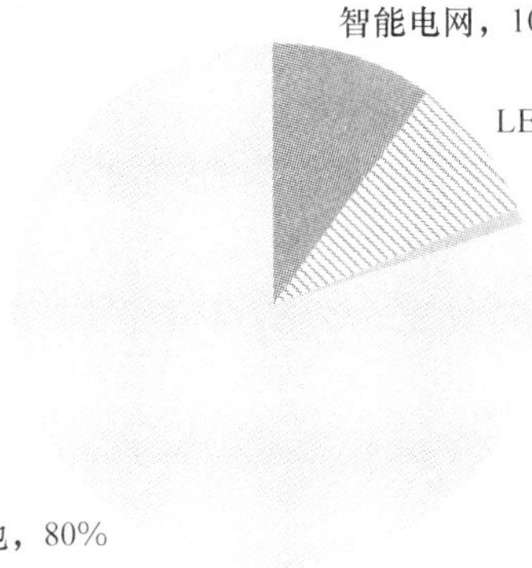

图7-6　部分新型节能行业募集资金使用情况

照明设备是日常生活中离不开的必需品，积少成多，每年用在照明上的电力消耗产生的碳排放不容忽视，而LED灯相比同等白炽灯，能耗降低80%，目前，对道路交通进行LED改造置换已经成为企业参与节能量交易或者产生额外碳减排的有效手段，并且已经产生了一定经济效益。目前国内涉足LED产业的上市公司较多。2013年，共有13家上市公司在37个LED项目投入募集资金，总金额达到94348.7万元，占全部节能行业募集资金投资的9%。

表7-7　LED产业前五名重大投资项目

公司名称	项目名称	项目金额/万元
天通股份	4英寸LED蓝宝石衬底材料技改项目	10 422.99
奥拓电子	高端LED系統	7 465.43
瑞丰光电	照明LED产品技术改造项目	7 305.32
洲明科技	高端LED显示屏产品扩建项目	6 312.29
聚飞光电	背光LED器件扩产项目	6 173.92

智能电网是近年新提出的概念，由于传统电网在运输过程中损耗了大量电能，因此，要求电网能够实现高压运输、节点智能开关、电网储能

等，做到自动化、智能化、低损耗。目前，共有14家上市公司29个项目涉及智能电网相关零配件研发与生产，2013年投入资金总额达到109 495.54万元，占节能设备总募集资金投入的10%。这其中，国有企业参与热情较高，国电南自（国家电力公司南京电力自动化股份有限公司）单个项目投入金额最大、国电南瑞一个企业投入4个专项研究，长城电工也投入4个专项研究。投资金额前五名募集资金使用项目如表7-8。

表7-8 智能电网产业前五项重大投资

公司名称	项目名称	项目金额/万元
国电南自	节能技术设备-国电南自（江宁）智能电网产业园	14 779.12
卧龙电气	高压超高压变压器项目	14 747.44
科陆电子	科陆电子（南昌）智能电网研发与产业基地	10 611.51
长城电工	智能化新领域中高压开关设备产业化建设项目	9 321.00
积成电子	智能配电网自动化	5 994.66

除了工业制造业外，随着国内对节能改造的压力不断提高，专门的节能服务公司也应运而生，虽然仍然处于萌芽阶段，但是其采用的运作模式，可以有效帮助企业、政府、教育机构等不同单位解决资金困难，加快节能改造，因此本书对此特别留意。这类专门的节能服务公司以合同能源管理参与节能改造。目前有3家公司，6个合同能源管理项目于2013年获得募集资金投入，总投资金额达到8 403.07万元，在节能服务与技术设备投资领域占比达到1%。目前，合同能源管理主要为大型工厂或机构服务，以钢铁厂相关节能管理为主，这部分投资情况如表7-9所示。

表7-9 合同能源管理募集资金使用现状

公司名称	项目名称	项目金额/万元
动力源	柳州钢铁股份有限公司合同能源管理项目	1284.21
动力源	武汉钢铁（集团）公司合同能源管理项目	4175.94
动力源	湖南华菱湘潭钢铁有限公司合同能源管理项目	550.31
易世达	湖北世纪新峰合同能源管理项目	1235.14
易世达	喀什飞龙合同能源管理项目	799.00
永清环保	新余钢铁股份有限公司烧结厂烧结余热利用合同能源管理项目	358.47

7.3　境外市场简况

国内股票市场上市要求严格，对公司上市前业绩增长与盈利要求较高，低碳企业很多都是高风险、高科技公司，难以达到国内上市标准。而国外由于资本市场巨大、上市门槛低、融资规模大，大量企业选择境外上市。

目前，在国内上市的低碳节能公司达到 429 家，但值得注意的是，在美国纳斯达克上市的国内同类企业达到 53 家，在纽约交易所上市公司达到 29 家。而在文化隔阂更小、距离更近的香港（特区）交易所，国内同类企业高达 140 家，其中包括了大量红筹公司，也即注册地在海外，但是其主要业务及营业收入均在国内的上市公司。从图 7-7 可以看出，低碳节能企业选择境外上市比例已经达到 34%，占据了全部上市公司的相当比例。

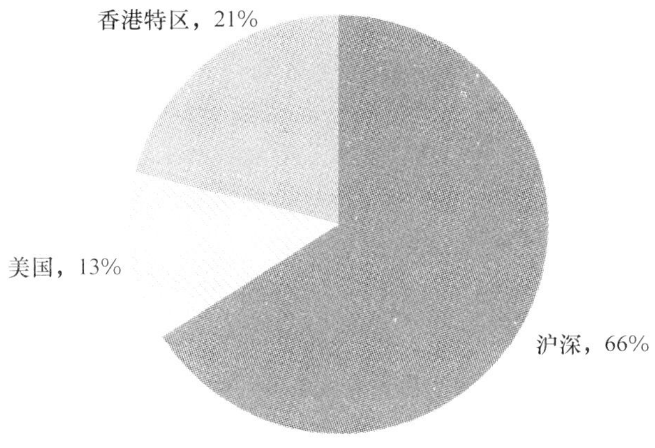

图 7-7　境内外低碳节能企业上市情况

节能低碳企业偏好海外上市固然是考虑到融资规模与打造企业国际形象等因素，国内证券市场不够完善也是市场管理者必须正视的问题。完善与加强国内证券市场的融资功能，不仅要求国内证券市场加深市场化，完善法制化，也可以要求国内证券交易所适时开展绿色证券业务，并不仅仅只是在公司上市时引入环保评价，更需要为低碳节能企业开设绿灯，提供融资快速通道，降低高科技高风险轻资产企业融资门槛，方便中小型低碳节能公司度过融资困境，如此，才能加速推进股票市场对节能低碳行业的助推作用。

7.4 小　结

随着国内沪、深两市不断发展，上市公司获得的募集资金规模也随之扩大。股票市场融资也是低碳投资的重要渠道。

目前国内低碳产业大致可以分为新能源发电、新能源汽车、新能源设备与技术、节能设备与技术四个类别，以及难以归属到这几类的低碳服务或者相关制造产业。通过收集整理这些上市公司年报，在 429 家涉及低碳节能的上市公司中，共有 237 家在 2013 年投入募集资金支持低碳项目，总金额达到 490 亿人民币。其中新能源发电占比 37%，新能源汽车占比 9%，新能源技术设备 13%，节能技术服务 22%。

在收集整理各家上市公司年报及募集资金使用报告后，研究者发现股票市场募集资金使用存在以下特点：

（1）政策影响至关重要。目前国内节能低碳产业发展基本靠政府推动，政策刺激严重影响各个上市公司业绩以及投资。以风电产业为例，2012 年全国风电业低迷，不仅表现在新建机组减少，也直接影响了风电设备制造商。但是 2013 年国家调整宏观政策后，提出到 2020 年非化石能源占一次能源消费比重将达到 15%左右，单位国内生产总值二氧化碳排放比 2005 年至少下降四成，此后，各地政府开始加速布局风电场，风电设备制造商业绩回升，募集资金开始调整回风电相关项目。

（2）募集资金使用不平衡。大型节能减排相关投资集中在国有企业，以投资汽车生产、发电厂投资、智能电网为主。而节能服务、工厂锅炉改造、绿色建筑等项目零散、单个项目资金量偏低。中小企业融资难的困境在股票市场仍然存在。

Conclusion

With continuous development of stock market in Shanghai and Shenzhen, fund scale raised by listed companies are expanding. Financing in stock market is also an important channel for low-carbon investment.

Currently low-carbon industries in China can generally be classified into new energy power generation, new energy vehicles, new energy equipment and technologies, and energy saving equipment and technologies as well as low-carbon services or relevant manufacturing industries that are difficult to be classified into the former 4 categories. By collecting and sorting out the annual reports of these listed companies, among 429 listed companies that are relevant to low-carbon and energy saving, 237 invested raised fund on low-carbon projects in 2013 with a total sum of 49.0 billion Yuan RMB, where 37% was for new energy power generation, 9% for new energy vehicles, 13% for new energy technological equipment, and 22% for energy saving technological service.

By collecting and sorting out annual reports and raised funds of each listed company, researchers find that use of fund raised in stock market has the following characteristics:

A. Policy influence is critical. Currently, domestic energy saving low-carbon industries are basically motivated by the government and policy incentives greatly influence performance of and investment by listed companies. Taken wind power industry as an example, it was in doldrums in 2012, which not only was reflected by reduction of new unit, but also directly affected wind power equipment manufacturers. However, in 2013, China adjusted its macro policy which stated that to 2020, proportion of non-fossil energy in primary energy consumption would reach around 15%, and carbon dioxide emissions from per unit GDP would decrease by at least 40% from 2005. Since then, local governments began to accelerate laying-out wind farms, wind power equipment manufacturers had rising earnings, and raised fund started to flow back to projects relevant to wind power.

B. Use of raised fund is not balanced. Relevant investment on large-scale energy saving and emissions reduction is concentrated in state-owned enterprises, dominated by vehicle production, investment on power plants, and smart grid. While for energy saving services, factory boilers reconstruction, green buildings and others, projects are scattered and capital for individual project is quite limited. The financing predicament for small and medium-sized enterprises still exists in stock market.

第8章　风险投资与私募股权投资

本章对2013年私募风投在中国低碳产业的投资行为进行研究，分析比较私募风投在中国低碳产业的投资规模、投资行业分布、投资地域分布及投资退出情况，揭示私募风投对中国低碳产业融资的贡献。研究数据主要来源于私募通数据库(www.pedata.cn)，统计投资金额仅包括已披露的投资金额，统计数据的货币单位为人民币，涉及其他国家货币单位兑换人民币的汇率为当次交易月末中国银行汇率牌价中间价。

8.1　私募风投在低碳产业投资概述

私募股权投资(Private Equity，PE)，是指以投资公司股权为目的，通过私募形式对非上市企业进行的权益性投资，然后通过上市、并购或管理回购等方式，出售持股获利。

风险投资(Venture Capital，VC)又称创业投资，是指风险投资者将风险资本投向新成立的或者快速成长的未上市新兴公司，在承受很大风险的基础上，为融资人提供长期的股权投资和增值服务，培育企业快速成长，数年后再通过上市、并购或者其他股权转让等方式撤出投资，从而取得高额投资回报的一种投资方式。

由于现在VC和PE投资阶段的区别已经越来越模糊，很多VC和PE公司各个阶段都有投资，因而本报告将二者对于低碳产业的投资贡献统一分析。

8.1.1　私募风投在低碳产业的投资范围

低碳产业的投资范围包括新能源行业和节能减排行业。新能源行业主要指非化石能源行业，业务包括分布式能源和可再生能源(不包括大水电)的发电和转换。节能减排行业的业务包括各种节能或提高能效的产品、设备、技术以及服务。具体行业分类见表8-1。

表 8-1　低碳产业的行业分类

<table>
<tr><th>一级行业</th><th>二级行业</th><th>描　　述</th></tr>
<tr><td rowspan="6">新能源</td><td>太阳能</td><td>光伏发电系统及组件,太阳能集热发电系统,逆变控制系统</td></tr>
<tr><td>风能</td><td>风电设备及相关技术</td></tr>
<tr><td>生物质能</td><td>生物乙醇、柴油等非粮生物质燃料技术,生物质直燃、气化发电技术与设备</td></tr>
<tr><td>核能</td><td>核电设备及相关技术</td></tr>
<tr><td>新能源汽车</td><td>燃料电池汽车、混合动力汽车、氢能源动力汽车、太阳能汽车等新能源汽车及其核心零组件,如动力电池、电控系统、电机等</td></tr>
<tr><td>其他新能源</td><td>其他如水能、海洋能等</td></tr>
<tr><td rowspan="4">节能减排</td><td>智能电网</td><td>如电网载波通信技术,智能电表,智能化输配电管理系统,大功率储能产品等</td></tr>
<tr><td>LED</td><td>基于节能照明的 LED 外延片、芯片制造,封装,LED 灯具制造</td></tr>
<tr><td>节能服务</td><td>为用能单位提供节能诊断、设计、融资、改造、运行等服务</td></tr>
<tr><td>其他节能技术</td><td>其他节能节电产品、技术</td></tr>
</table>

8.1.2　私募风投在低碳产业中的地位和作用

根据《2013 中国风险投资年鉴》的统计,2012 年国内外风险投资机构共投资了 987 个项目,其中披露投资金额的 697 个项目涉及投资金额 1038.76 亿元。在 2012 年投资金额最高的 10 个项目中,由鄱阳湖资本和新沃基金共同投资的中节能太阳能项目位列第五,投资金额高达 25 亿元。

VC/PE 通过股权投资方式配置低碳产业,资金使用效率高。VC/PE 本身业务是挖掘创新型产业,整合企业资源,提供企业成长的经验,开展增值服务,促进被投资企业的快速成长。低碳领域的企业在发展初期往往困难重重,VC/PE 公司通过股权投资的方式配置低碳产业,与各类资金短缺、经营风险巨大而且在成长过程中缺乏经验的创业者和企业同舟共济,使得被投资金使用效率提高,可以促进中国低碳产业的快速成长。

2008 年起,私募风投在低碳领域的投资已经进入了规模化的状态。据 2011 年风险投资协会的调查数据显示,在 VC/PE 公司关注度最高 15 个行业里,环保和新能源占到 79.5%,位列前茅,可以预见未来私募风投在低碳领域投资将扮演愈发重要的角色。

8.2 2013年中国低碳产业私募风险投资

8.2.1 投资规模分析

2006—2013年,VC/PE在中国低碳行业已披露的投资案例累积403起,共涉及投资金额340.2亿元人民币。2006—2011年,中国低碳领域投资不论从数量上还是投资金额上,总体呈现上升趋势。在2006—2008年期间投资数量小幅增长的基础上,2009年开始低碳产业进入快速发展期,投资数量急剧上升,投资金额也创下历史新高(其中最主要的原因是,本年发生了一起自2006年以来最大的一笔生物质能行业投资事件,中投公司投资于保利协鑫44.68亿元人民币,占全年新能源行业总投资额的63%)。2011年,投资案例数量与投资资金规模相比于2010年均急速增加,双双达到2006年以来的最高水平,投资数量达到95个,总投资金额高达85.48亿元人民币。2012年开始,由于国家经济环境较为低迷,低碳领域市场状况也出现大幅下滑,投资金额随着投资数量下降而下降,2012年总投资金额仅为15.60亿元人民币,为2006以来的历史最低水平,降幅达到82%。2013年投资金额相当于2012年而言,虽有所上升,但是由于投资数量的继续减少,上升幅度很小。

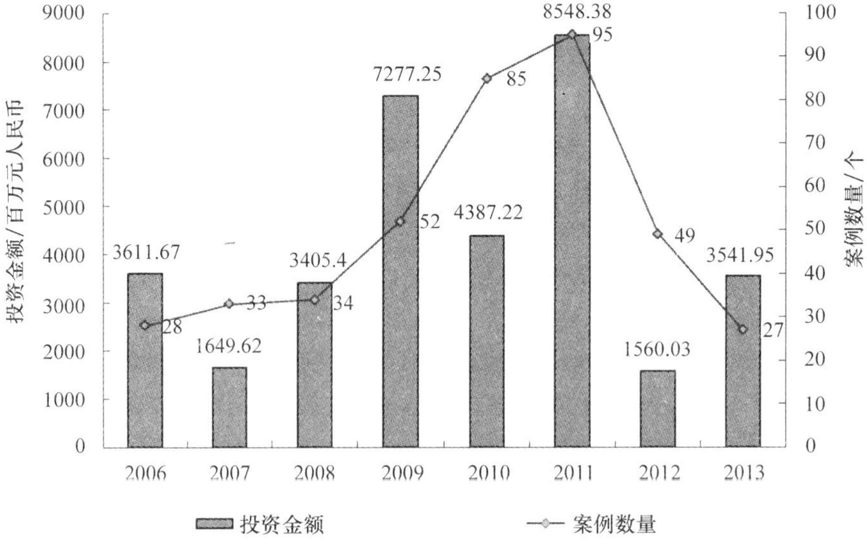

图8-1 2006—2013年中国VC/PE市场低碳产业投资情况比较

2013年中国VC/PE市场在低碳产业共完成投资交易27起，其中披露金额的18起投资涉及金额35.42亿元人民币。投资交易数量较2012年继续降低，降幅为45%，但投资金额与2012年全年相比有了大幅上升，增幅达到127.0%，其中最大的一笔案例是湖南高新创投集团投资于湘电新能源，其投资金额达到6.89亿元人民币。

具体分析VC/PE对低碳产业的投资规模。2013年，低于1 000万人民币的小额投资共发生3起，占披露金额案例数的16.7%；规模在1 000万人民币到6 000万人民币之间的案例数共6起；规模大于6 000万人民币的案例共9起，占披露金额案例数的50.0%，投资金额高达33.62亿人民币，占总投资金额的94.9%。上述分析说明，大规模的VC/PE投资是2013年的主流；同时大宗交易的频频发生有效带动了总投资金额的增长，这也成为了在投资数量减少的情况下，2013年较2012年总投资金额反而大幅升高的重要原因。

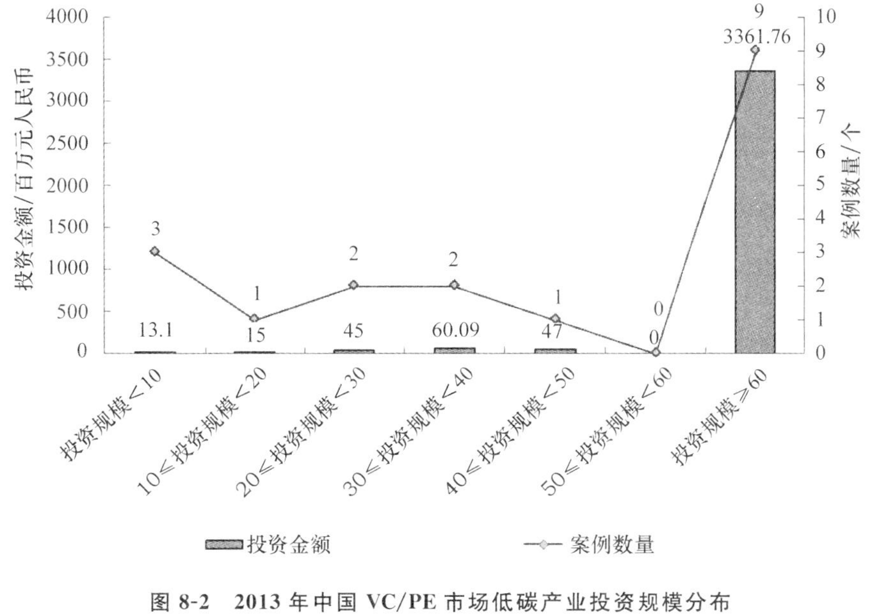

图8-2 2013年中国VC/PE市场低碳产业投资规模分布

2013年中国低碳领域风险投资继续低迷的原因主要有以下三个方面：第一，2012年以来，中国VC/PE市场整体降温，包括低碳行业在内的多数行业投资活跃度均大幅下滑；第二，A股IPO窗口持续关闭，IPO退出渠道受阻，使VC/PE机构投资热情大幅降温；第三，2011年以来，以光伏、风电为代表的新能源行业呈现出产能过剩、短时间无法消纳的问题，许多企业业绩大幅下滑，VC/PE投资者对该行业投资趋于谨慎。

8.2.2　投资行业分布

2013 年 VC/PE 对于低碳领域的投资交易共涉及 7 个二级行业，节能减排产业下的“其他节能技术”成为最大获益行业，共发生 11 笔交易，占整个低碳产业总投资数量的 40.74%，其中 10 笔披露金额的项目共计投资 16.26 亿元人民币。此外，同样是节能减排产业下的“节能服务”得到 6 笔投资，占比 22.22%，获得投资金额总计 1.37 亿元人民币，排名第二。前几年大受追捧的太阳能、LED 和生物质能的投资案例数位列 3～5 位。可以预计，节能减排产业凭借更加多元的发展方向，将越来越受到 VC/PE 投资者的追捧。

表 8-2　2013 年中国 VC/PE 市场低碳产业细分行业投资统计

一级行业	二级行业	案例数	比例/(%)	披露金额的案例数	金额/百万元人民币	比例/(%)	平均投资金额/百万元人民币
新能源	太阳能	4	14.81	3	1014.38	28.64	338.13
	风能	1	3.70	1	689	19.45	689.00
	生物质能	2	7.41	2	75	2.12	37.50
	新能源汽车	1	3.70	0	—	—	—
节能减排	LED	2	7.41	0	—	—	—
	节能服务	6	22.22	2	137.48	3.88	68.74
	其他节能技术	11	40.74	10	1626.09	45.91	162.61
合　计		27	100.0	18	3541.95	100.00	196.78

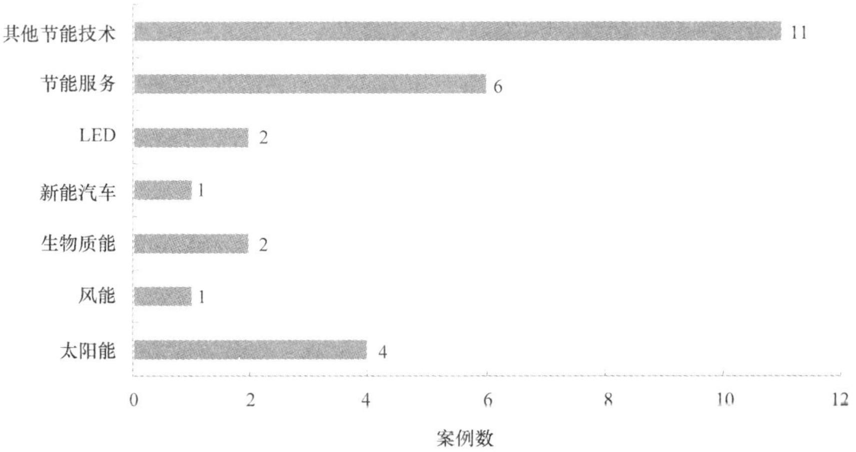

图 8-3　2013 年中国 VC/PE 市场低碳产业细分行业投资分布

8.3　2013 年中国低碳产业私募风投退出

2006—2013 年,中国低碳领域 VC/PE 投资退出的案例累计 55 起,退出方式涵盖首次公开募股(IPO)并购、公司回购、股权转让四种。相比较后三种,IPO 退出为最主要的退出方式。

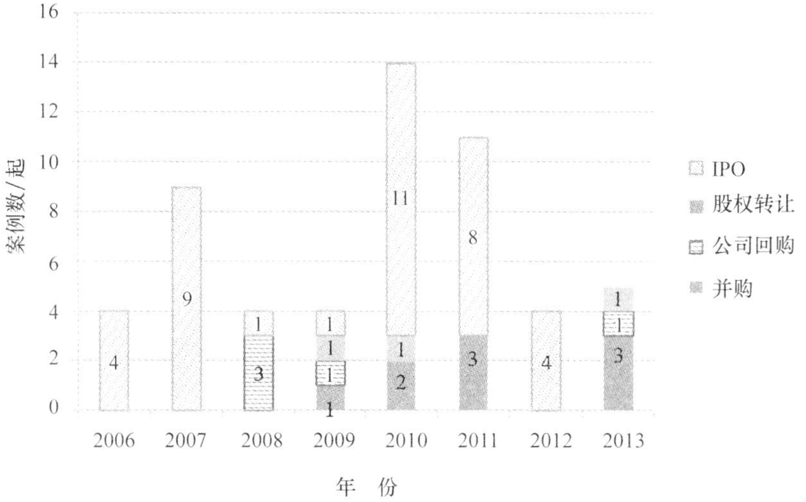

图 8-4　2006—2013 年中国 VC/PE 市场低碳产业投资退出方式分布

从变化趋势上看,IPO 退出的数量总体上呈现"过山车"般波动,期间经历了两个高峰、两个低谷。2007 年出现了第一个 IPO 小高峰,全年退出数量达 9 例,随后 IPO 陷入低谷;2010 年,迎来最大的一个 IPO 高峰,全年共发生 11 起案例,为中国新能源领域史上上市案例数量最多的一年;2011 年,全年的 IPO 热度急速下滑,上市企业数量下降到 8 家;随着 2012 年资本市场寒冬的到来,新能源领域 IPO 数量步调继续放缓,全年仅有 IPO 案例 4 起,降幅达到 50%。2013 年,由于 IPO 步入史上最严审核时期,各行业 IPO 项目都因此受阻,低碳产业 IPO 市场更加严寒,全年无一例 IPO 事件发生。

尽管,IPO 退出仍是目前低碳领域风险投资退出的主要方式,然而其他退出方式也起到很重要的补充作用,并逐渐被投资机构所青睐。

表 8-4 2013 年中国 VC/PE 市场低碳产业投资退出情况汇总

退出时间	退出机构	投资的企业	行业	退出方式
2013-01-01	湖南高新创投集团	瑞翔新材料	新能源	股权转让
2013-03-01	江苏高科投	不披露	新能源	并购
2013-04-01	圆基环保资本	三峰环境	节能减排	公司回购
2013-10-24	协睿创投	协合新能源	新能源	并购
2013-10-28	一创投资、金立方资本、圆基环保资本	中科通用	节能减排	并购

2013 年，VC/PE 在中国低碳产业的投资退出方式呈现出新的特点：2013 年全年没有低碳领域企业完成 IPO；并购退出方面，共发生 3 起案例，2 起为新能源行业，1 起为节能减排行业；股权转让退出方面，共发生 1 起案例，其为能源行业；公司回购方面，共发生了 1 起案例，其为节能减排行业。

其原因包括两个方面：第一，由于 A 股 IPO 闸门长时间关闭，VC/PE 机构改变投资和退出策略，其他退出方式逐渐成主流；此外，由于 A 股 IPO 长期停摆，VC/PE 机构逐渐将投资阶段向早期转移，由过去疯狂追逐上市前企业、利用一二级市场之间的价差进行短期套利的 Pre-IPO 投资模式转向企业种子期、成长期等更早阶段的投资，这也使 IPO 退出减少。第二，2013 年证监会对准备上市的公司加大了财务核查力度，该年度共有 291 家企业终止审查，其中包括多家准备上市的低碳领域企业，如裕华光伏、日晶新能源装备等。

虽然 2013 年低碳领域 IPO 退出受阻，但是随着股票发行由核准制向注册制的转变（2013 年 11 月 15 日，党中央下达了《中央关于全面深化改革若干重大问题的决定》文件，其中明确提出要将股票发行由核准制转向注册制）、2014 年 IPO 重启时间的确定，可以预计 2014 年 IPO 退出案例数量必将快速回升。

8.4 小 结

风险投资与私募股权投资是中国低碳产业融资的重要组成部分。目前私募风投在中国低碳领域的投资范围包括新能源行业和节能减排行业。新能源行业主要包括太阳能、风能、核能、生物质能、新能源汽车等领域的投资；节能减排行业的投资涵盖智能电网、LED、节能服务、节能技术等。2013 年私募风投在中国低碳领域的投资有着明显的特点。

第一，投资规模缓步回升，行业分布呈现新的局面。2013 年全年低碳行业风险投资与私募股权投资披露案例为 27 起，投资数量创近几年来新低，融资总额为 35.42 亿元人民币，较 2012 年的总投资额有所回升，其中投资规模在 60 亿元人民币以上的大型项目贡献显著。从细分领域来看，2013 年中国新能源行业投资主要集中在太阳能、LED、生物质能 3 个子领域，但总体上新能源行业投资深陷低谷，产能过剩、欧美"双反"、过度依赖补贴等因素使以光伏产业为代表的新能源产业的困局愈演愈烈。相反，2013 年以节能技术、节能服务为代表的节能减排领域投资显著增加，2013 年披露的投资案例数目为 16 起，涉及投资金额为 16.73 亿元人民币，相对于 2012 年投资规模而言，投资案例数量及金额均有所回升，且投资金额更是创下历史新高，预计未来有望进一步提升。

第二，投资退出方式更加多样化。2013 年低碳领域 IPO 退出受阻，没有采用 IPO 方式退出投资的案例发生，但这使得其他退出方式作为补充，逐渐为投资机构所青睐。但预计，未来 IPO 退出仍是低碳领域风险投资退出的主要方式。

尽管 2013 年中国低碳领域投资依然低迷，相对于 2012 年而言还是有所回温，随着政府扶持节能环保的政策力度进一步加大、资本市场 IPO 的重启，可以预计 2014 年，低碳领域 VC/PE 投资将进一步回温，投资力度将继续加大。

Conclusion

Venture capital and private equity investment serves as an essential part of China's financing in low-carbon industries. Presently, the investment range in China's low-carbon field by private equity and venture include new energy industry and energy saving emissions reduction industry. Investment on new energy industry mainly includes solar, wind, nuclear, biomass and new energy vehicles etc.; investment on energy saving emissions reduction covers smart grids, LED, energy saving services and energy saving technologies etc. In 2013, investment by private equity and venture in China's low-carbon field has obvious features.

Firstly, investment scale is slowly on the rise and industrial distribution is in a new status. In 2013, 27 cases of investment on low-carbon industries by venture capital and private equity were disclosed with smallest recorded number of investment in recent years and a total financing sum of 3.542 billion Yuan RMB, which rebounded compared with the total investment sum in 2012 and large-scale projects with an investment scale of over 6 billion Yuan RMB obviously contributed. Viewed from sub-sectors, in 2013, investment in China's new energy industry mainly concentrates in three sub-sectors, namely, solar energy, LED, biomass. But in general, investment on new energy industry was in a deep trough where over-capacity, anti-dumping and anti-bribery by the EU and the US, over reliance on subsidies and other factors brought more difficulties to new energy industries represented by photo-voltaic industry. On the contrary, investment on energy saving emissions reduction represented by energy saving technologies and services obviously increased in 2013 with 16 disclosed investment cases and involved capital of 1.673 billion Yuan RMB. Compared with the investment scale in 2012, the number of investment cases and total sum rebounded and investment sum was a record high and expected to rise further in future.

Secondly, investment withdrawal was more diversified. In 2013, in Low-carbon field, IPO withdrawal was blocked and cases of investment withdrawal not adopting IPO occurred. Other withdrawal ways supplemented and were gradually favored by investment institutions. However, it is predicted that IPO withdrawal will be the major way for venture capital to withdraw from low-carbon field.

Although in 2013 investment on China's Low-carbon field was still in doldrums, it rebounded to a certain degree compared with 2012. With the government further strengthening its policies on energy saving and environmental protection, and relaunching of IPO in capital market, it can be predicted that in 2014, VC/PE investment on Low-carbon will continue to rebound and investment will increase further.

第9章　中国碳市场

9.1　碳配额交易市场主要法规、政策

2011年,《中华人民共和国国民经济和社会发展第十二个五年规划纲要》提出积极应对全球气候变化,要求把大幅降低能源消耗强度和二氧化碳排放强度作为约束性指标,有效控制温室气体排放,逐步建立碳排放交易市场。这是中国政府第一份明确提出碳强度约束性指标和建立国内碳排放交易市场的文件。根据党中央、国务院关于应对气候变化工作的总体部署,国家发展和改革委于2011年10月29日发布了《关于开展碳排放权交易试点》的通知,批准北京、上海、天津、重庆、广东、湖北和深圳等七省市成为中国首批碳排放权交易试点,以区域试点探索逐步建立中国国内碳市场,推动运用市场机制以较低成本实现中国控制温室气体排放行动目标,加快中国经济发展方式转变和产业结构升级。同年12月,国务院发布《十二五控制温室气体排放工作方案》,各试点地区也相继发布《控制温室气体和应对气候变化十二五规划》。与此同时,碳排放交易试点地区紧锣密鼓地开展区域性碳排放交易市场的筹建、组织和维护工作。

2012—2014年上半年期间,首批碳排放交易试点相继发布了关于区域碳排放交易体系建设和市场管理方面的政策文件,对碳排放交易体系纳管范围、总量控制、配额分配、MRV等问题作出了较为明确的规定。其中,比较重要的文件列于表9-1。

表9-1　各试点主要政策文件

试点	交易所	主要政策文件	发布时间
北京	北京环境交易所	《北京市碳排放权交易试点配额核定方法(试行)》、《关于北京市在严格控制碳排放总量前提下开展碳排放权交易试点工作的决定》	2013-11-20、2013-12-27
上海	上海环境能源交易所	《上海市碳排放管理试行办法(沪府令10号)》、《上海市2013—2015年碳排放配额分配和管理方案》	2013-11-20、2013-11-22

续表

试点	交易所	主要政策文件	发布时间
广东	广州碳排放权交易所	《广东省碳排放权配额首次分配及工作方案(试行)》、《广东省碳排放管理试行办法》	2013-11-27、2014-01-17
天津	天津排放权交易所	《天津市碳排放权交易管理暂行办法》《天津市碳排放权交易试点纳入企业碳排放配额分配方案》	2013-12-20、2014-01-02
深圳	深圳排放权交易所	《深圳经济特区碳排放管理若干规定》、《深圳市碳排放权交易管理暂行办法》	2012-10-30、2014-04-02
湖北	湖北碳排放交易中心	《湖北省碳排放权管理和交易暂行办法》、《湖北省碳排放权配额分配方案》	2014-05-22、2014-05-22
重庆	重庆碳排放权交易中心	《重庆市碳排放权交易管理暂行条例》《重庆联合产权交易所碳排放交易细则》	2014-05-07、2014-06-03

9.2 配额碳排放交易市场核心要素

9.2.1 配额碳排放交易体系纳管范围

各试点根据区域经济发展、能源消耗和产业结构等方面的实际情况，确定区域碳排放交易体系覆盖范围。因此，不同试点对碳排放交易体系行业覆盖、纳管门槛值等方面的要求各不相同。总的来说，湖北省将排放源纳入管控范围的门槛值最高，为年度综合能源消费量6万吨标准煤及以上的工业企业；深圳市纳管门槛值最低，为年度碳排放量3000吨CO_2当量及以上的工业企业，其他试点省市都是“万吨级”排放的门槛值规定。各试点碳排放交易体系的管制范围具体列于表9-2。

表9-2 各试点碳排放交易体系的管制范围

试点	交易所	管制范围
北京	北京环境交易所	年度二氧化碳直接排放量与间接排放量之和大于1万吨(含)的单位为重点排放单位，需履行年度控制二氧化碳排放责任； 年综合能耗2000吨标准煤(含)以上的其他单位可自愿参加，参照重点排放单位进行管理
上海	上海环境能源交易所	钢铁、石化、化工、有色、电力、建材、纺织、造纸、橡胶、化纤等工业行业，年度碳排放量2万吨及以上的企业为管制对象； 航空、港口、机场、铁路、商业、宾馆、金融等非工业行业，年度碳排放量1万吨及以上的企业为管制对象

续表

试点	交易所	管制范围
广州	广州碳排放权交易所	电力、水泥、钢铁、陶瓷、石化、纺织、有色、塑料、造纸行业，年度碳排放量2万吨及以上的企业为管制对象
天津	天津排放权交易所	钢铁、化工、电力、热力、石化、油气开采等工业行业以及民用建筑物，年度碳排放量为2万吨及以上的单位为管制对象
深圳	深圳排放权交易所	任意一年的碳排放量达到3000吨二氧化碳当量及以上的企业为管制对象；大型公共建筑和建筑面积达到1万平方米以上的国家机关办公建筑为管制对象； 自愿加入并经主管部门批准纳入碳排放控制管理的碳排放单位、市政府指定的其他碳排放单位为管制对象
湖北	湖北碳排放交易中心	年度综合能源消费量6万吨标准煤及以上的工业企业为管制对象
重庆	重庆碳排放权交易中心	2015年前，将2008—2012年任一年度排放量达到2万吨二氧化碳当量的工业企业纳入配额管理

9.2.2 配额碳排放交易体系总量控制与配额分配情况

总量确定与配额分配是碳排放交易体系的核心内容。现阶段，欧盟EU-ETS、美国RGGI、美国加州ETS、日本东京都ETS等发达经济体一般对温室气体排放实施绝对总量控制，常见的配额分配机制包括祖父制、基准制、拍卖等。与发达经济体不同，中国是正处于快速工业化和城市化阶段的发展中大国，七个试点地区之间的经济发展阶段、能源结构和产业结构等也存在显著差异，各试点地区结合自身实际选择合适的区域温室气体排放总量控制与配额分配机制。具体情况列于表9-3。

表9-3 各试点碳排放交易体系总量控制与配额分配情况

北京试点	总量控制	企业(单位)年度二氧化碳排放配额总量可调整，由既有设施配额、新增设施配额、配额调整量三部分构成。
	配额分配方法	① 既有设施配额核定方法分为两种：基于历史排放总量的核定方法和基于历史排放强度的核定方法。前者适用于2013-01-01前投入运行的制造业、其他工业和服务业企业(单位)；后者适用于供热企业(单位)和火力发电企业在2013-01-01前已投入运行的排放设施(机组)。 ② 新增设施的配额分配按照所属行业的二氧化碳排放强度先进值进行核定。

续表

	配额计算公式	① 基于历史排放总量核定方法的配额计算公式： 配额＝企业（单位）2009—2012 年 CO_2 排放均值×排放系数。 ② 基于历史排放强度核定方法的配额计算公式： 排放配额＝（$P_{电}$ $I_{电}$ ＋$P_{热}$ $I_{热}$）×排放系数。其中 $P_{电}$、$P_{热}$ 为设施核定年份供电量、供热量；$I_{电}$、$I_{热}$ 为设施单位供电、供热的排放强度均值。 ③ 新增设施配额核定方法的计算公式： 配额＝QB，其中 Q 为新增设施碳排放对应的活动水平，B 为新增设施所属行业的二氧化碳排放强度先进值。
上海试点	总量控制	实施绝对总量控制，年度配额总量不可调整。
上海试点	配额分配方法	① 根据行业的不同特点和碳排放管理的现有基础，采取历史排放法和基准线法开展 2013—2015 年碳排放配额分配； ② 对于工业（除电力行业外）以及商场、宾馆、商务办公等建筑，配额分配采用历史排放法； ③ 对于电力、航空、港口、机场等行业，配额分配采用基准线法。
上海试点	配额计算公式	① 工业行业配额计算公式： 年度配额＝历史排放基数＋先期减排配额＋新增项目配额。 ② 商场、宾馆、商务办公建筑及铁路站点配额计算公式： 年度配额＝历史排放基数＋先期减排配额。 ③ 电力行业配额计算公式： 年度配额＝年度单位综合发电量碳排放基准×年度综合发电量×负荷率修正系数。 ④ 航空、机场配额计算公式： 年度配额＝年度单位业务量碳排放基准×年度业务量＋先期减排配额。 ⑤ 港口业配额计算公式： 年度配额＝年度单位吞吐量碳排放基准×年度吞吐量＋先期减排配额。
广东试点	总量控制	实施“存量＋增量”总量控制控制机制。2013 年年度配额总量为 3.88 亿吨，其中存量配额（针对既有管制企业）3.5 亿吨，储备配额（针对新建项目和调节配额）0.38亿吨。
广东试点	配额分配方法	① 既有企业和新建项目企业配额分配方法不同。 ② 既有企业配额为其各个生产流程（或机组、产品）配额之和。根据企业所属行业生产流程（或机组、产品）特点和数据基础，使用基准法或历史法计算各部分配额，加总为既有企业配额。 ③ 新建项目企业配额为项目投产后各个生产流程（或机组、产品）配额之和。根据企业所属行业生产流程（或机组、产品）特点和数据基础，使用基准法或能耗法计算企业各部分配额，加总为新建项目企业配额。

续表

	配额计算公式	① 既有企业配额计算公式： 基准法适用于电力、水泥和钢铁等行业的大部分生产流程（或机组、产品），计算公式为： 配额＝历史平均产量×基准值×下降系数。 历史法适用于石化行业和电力、水泥、钢铁等行业的部分生产流程（或机组、产品），计算公式为： 配额＝历史平均碳排放量×下降系数。 ② 新建项目企业配额计算公式： 基准法适用于电力、水泥和钢铁等行业的大部分生产流程（或机组、产品），计算公式为： 配额＝设计产能×基准值。 能耗法适用于石化行业和电力、水泥、钢铁等行业的部分生产流程（或机组、产品），计算公式为： 配额＝年能源消费量×折算系数。
天津试点	总量控制	可调整总量。配额总量由基本配额、调整配额和新增设施配额三部分构成。
	配额分配方法	① 对于电力、热力、热电联产行业，配额分配采用基准法； ② 对于钢铁、化工、石化、油气开采等行业，配额分配采用历史法； ③ 对于新增设施，配额分配按照实施运营企业所属行业的二氧化碳排放强度先进值进行核定。
	配额计算公式	① 依据企业既有排放源活动水平，向既有企业分配基本配额和调整配额，二者合称既有产能配额。 既有产能配额＝基本配额＋调整配额； 基本配额＝排放基数×绩效系数×行业控排系数。 ② 因启用新的生产设施造成排放发生重大变化时，向企业发放新增设施配额。
深圳试点	总量控制	可规则性调整总量控制。配额总量由预分配配额、调整分配配额、新进入者储备配额、拍卖配额和价格平抑储备配额等五部分组成。其中，拍卖配额数量不得低于年度配额总量的3%。
	配额分配方法	① 企业配额分配由一次预分配和二次调整确认构成； ② 预分配根据企业年度预测产量或产出、目标碳强度核定企业预分配配额数量； ③ 调整确认根据企业年度实际产量或产出、目标碳强度对预分配配额进行调整，核定企业实际确认配额数量。
	配额计算公式	① 对于单一产品工业行业： 实际确认配额＝企业（单位）上一年度实际产量×上一年度目标碳强度； ② 对于其他工业行业： 实际确认配额＝企业（单位）上一年度实际工业增加值×上一年度目标碳强度。

续表

湖北试点	总量控制	① 根据"十二五"期间国家下达的单位生产总值二氧化碳排放下降17%的目标和2014—2020年湖北省经济增长趋势的预测，确定年度碳排放配额总量。2014年年度配额总量为3.24亿吨，由年度初始配额、新增预留配额和政府预留配额三部分构成。 ② 年度初始配额=2010年纳入企业碳排放总量×97%；新增预留配额=碳排放配额总量−(年度初始配额+政府预留配额)； 政府预留配额=碳排放配额总量×8%。
	配额分配方法	① 配额分配以免费分配为主，政府预留配额的30%以公开竞价进行有偿分配； ② 采用历史法与标杆法相结合的分配方法，实行事前分配与事后调节相结合的分配方式。
	配额计算公式	① 电力行业之外的工业企业配额分配采用历史法，计算公式为： 企业年度初始配额=历史排放基数×总量调整系数 其中，历史排放基数为企业基准年(2009—2011)年度碳排放均值，基准期企业碳排放边界、碳排放量发生变化或发生其他情况的，对基准年选择和基准年排放量进行修订；总量调整系数为0.9192。 ② 电力企业的配额的计算公式为： 电力企业配额=预分配额+事后调节配额 其中，预分配配额=(历史排放基数×总量调整系数)×50%，事后调节配额分为增发配额和收缴配额。当企业年度实际发电量超出或低于基准年平均发电量的50%时，向企业增发或收缴配额。
重庆试点	总量控制	① 本市对配额实行总量控制。以配额管理单位既有产能2008—2012年最高年度排放量之和作为基准配额总量，2015年前，按逐年下降4.13%确定年度配额总量控制上限，2015年后根据国家下达本市的碳排放下降目标确定。(其中配额管理单位在2011—2012年扩能或新投产项目，其第一年度排放量按投产月数占全年的比例折算确定。)
	配额分配方法	① 2015年之前，全部实行配额免费分配 ② 采用历史法与标杆法相结合的分配方法，实行事前分配与事后调节相结合的分配方式。
	配额计算公式	① 配额管理单位申报量之和低于年度配额总量控制上限的，其年度配额按申报量确定。 ② 配额管理单位申报量之和高于年度配额总量控制上限的 各单位申报基数 若申报量高于以前年度最高排放量，则 申报基数=(申报量+以前年度最高排放量)/2 若申报单位申报量小于以前年度最高排放量，则 申报基数=申报量 每单位配额量=(该单位申报基数/总的申报基数)×总的配额量

9.2.3 配额碳排放交易体系其他机制设计

表 9-4 介绍了深圳、上海、北京、广东、天津、湖北、重庆等七个已运行试点碳排放权交易体系的其他机制设计。

表 9-4 配额碳排放交易体系机制设计

	深圳	上海	北京	广东	天津	湖北	重庆
管制气体	直接和间接 CO_2 排放	直接和间接 CO_2 排放	直接和间接 CO_2 排放	直接和间接 CO_2 排放，目前直接为主	直接和间接 CO_2 排放	直接 CO_2 排放	直接和间接 CO_2 排放
MRV	碳排放和增加值第三方核查	监测计划＋碳排放第三方核查	碳排放第三方核查	碳排放第三方核查	监测计划＋碳排放第三方核查	监测计划＋碳排放第三方核查	监测计划＋碳排放第三方核查
履约机制	年度履约；三倍罚金＋补充差额配额	年度履约；下一年度扣除未足额清缴配额，并处 5 万元以上 10 万元以下罚金	年度履约；对外公布未履约名单且处罚金	年度履约；下一年度扣除未清缴部分 2 倍配额，并处 5 万元罚款	年度履约；3 年内不得享受融资和优先支持政策	年度履约；碳排放黑名单；不受理其申报的节能减排项目	年度履约；对外公布未履约名单且处罚金
激励机制	融资支持、优先支持	融资支持、财政支持、政策支持和优先支持	财政支持、融资支持和技术支持	优先支持，并探索碳信用融资支持	融资支持、优先支持、信用评级	财政支持、融资支持	财政支持、融资支持、优先支持
抵消机制	最大 10%	最大 5%	最大 5%，且 50%以上应是本市项目产生的	最大 10%，且 70%以上由本省项目产生	最大 10%	最大 10%，且项目在本省行政区域产生	最大 10%
时效机制	可储存，不可借贷	可储存，不可借贷	可储存，不可借贷	可储存，不可借贷	可储存，不可借贷	经交易配额可储存，不可借贷	可存储、不可借贷
调控机制	政府配额储备机制和回购机制	无	价格预警；价格异常波动时，启动政府拍卖或回购机制	预留 5%配额用于稳定市场	以拍卖或固定价格出售配额以及回购配额稳定市场价格	预留不超过 10%配额用于市场调控和价格发现	价格预警；价格异常启动回购机制

9.3 国内主要碳市场交易情况

2014年6月19日，重庆试点正式在重庆碳排放权交易中心启动湖北碳配额交易，加上之前启动的深圳、上海、北京、广东、天津和湖北碳排放权交易试点，中国共有七个试点碳市场进入运行阶段。

截至2014年8月29日，七个已启动试点交易情况见表9-5。可以看出，自2013年6月18日深圳碳排放交易市场启动以来，中国配额碳排放交易市场在300左右个交易日内累计成交量仅为1039.1万吨，日均成交量不足3.7万吨，交易比较稀薄，市场活跃度仍旧需要提升。

表9-5 2014年8月29日国内碳市场当日成交情况和累计成交情况

	当日成交量/吨	当日均价/元	当日成交额/元	累计成交量/吨	累计成交额/元
北京	500	53.0	26 500	959 455	57 938 138
上海	7220	48.0	346 560	1 252 432	49 901 974
广州	10	43.7	437	1 078 422	61 504 538
湖北	37 659	23.6	890 259	4 919 331	115 976 550
重庆	—	—	—	145 000	4 457 300
深圳	282	50.8	14 334	1 559 867	111 236 161
天津	780	30.1	23 470	1 016 200	20 674 066
合计	46 451	28.0	1 301 560	10 930 707	421 688 727

1. 深圳碳市场交易情况

深圳碳交易市场于2013年6月18日率先启动，是首批7个试点中运行时间最长、成交均价最高、参与主体较为丰富、交易相对活跃的区域性市场。同时，该市场价格波动也较为剧烈，2013年10月份曾出现143.99元/吨的国内配额碳排放交易市场最高价格。

图9-1反映了2013年6月18日～2014年8月29日深圳碳市场交易情况。

2. 上海碳市场交易情况

上海碳排放交易市场于2013年11月26日启动配额交易，是中国第二个启动交易的区域性碳市场。与2013年相比较，2014年上海碳排放交易市场成交价和成交量均呈现显著上升。

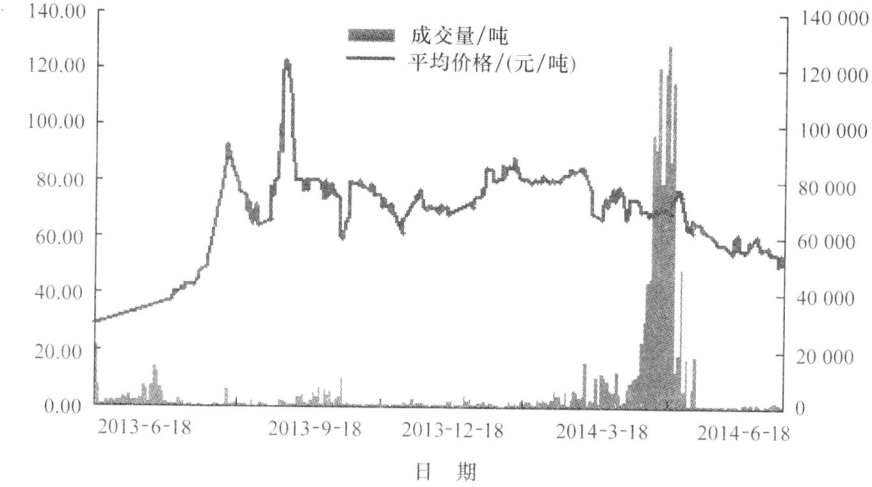

图 9-1　深圳排放权交易所价格(均价)走势图

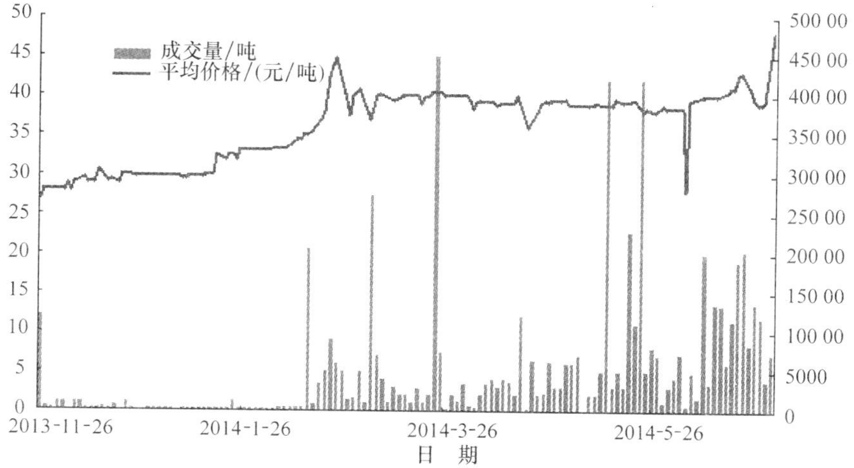

图 9-2　上海排放权交易所价格(均价)走势图

3. 北京碳市场交易情况

北京碳市场于 2013 年 11 月 28 日启动配额交易，是中国第三个启动交易的区域性碳市场。图 9-3 反映了 2013 年 11 月 28 日～2014 年 8 月 29 日北京碳排放交易市场成交情况。

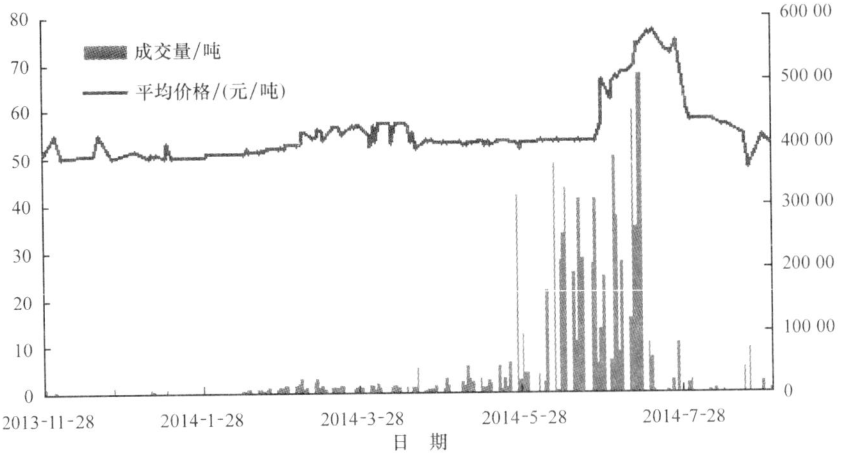

图 9-3 北京排放权交易所价格(均价)走势图

4. 广东碳市场交易情况

广东碳市场于2013年12月19日启动配额交易,是中国第一个进入运行阶段的省级碳试点。广东碳市场交易主要集中与首日的大单交易,后续交易活跃度较低。除了上述二级市场交易外,广东试点在2013年12月16日举行了中国首次碳排放配额拍卖,300万吨配额全部拍卖成功,拍卖成交价格为底价60元/吨,拍卖收入1.8亿元,最终共有28家企业竞拍成功。

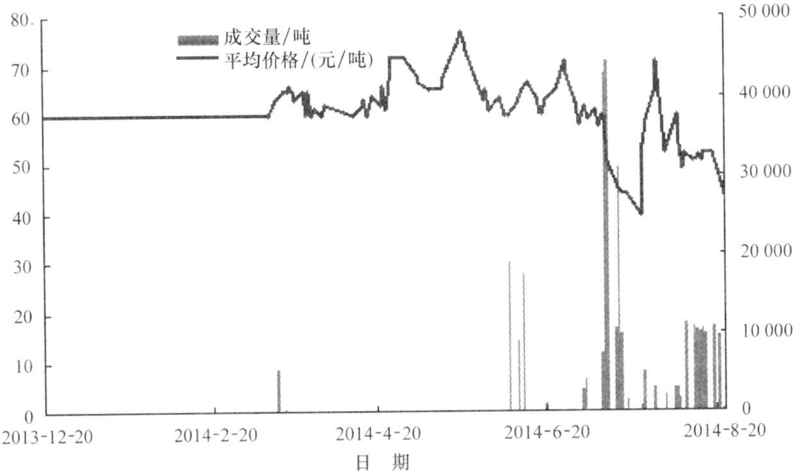

图 9-4 广东排放权交易所价格(均价)走势图

5. 天津碳市场交易情况

2013年12月26日,天津试点正式启动碳配额交易,是中国第五个运行的区域型碳交易市场。天津碳市场自启动不到一周时间内成交 57 380 吨，成交总额 1 612 063 元，占当时全国已运行五个试点成交额的 6.5%，短期交易比较活跃。

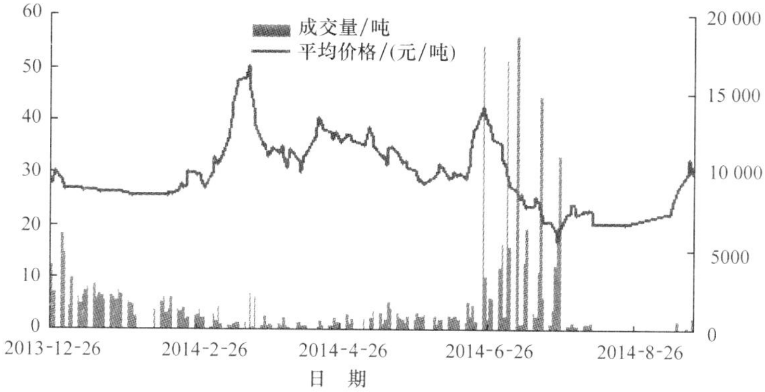

图 9-5　天津排放权交易所价格(均价)走势图

6. 湖北碳市场交易情况

2014 年 4 月 2 日，湖北碳排放交易试点正式启动配额交易，标志着中国第六个区域碳排放交易市场进入运行阶段。截至 2014 年 8 月 29 日，湖北碳排放交易市场累计成交总量达到 4 919 331 吨、远远超过其他五个试点，累计成交总额为 115 976 550 元，约占全国已运行七个试点成交总额 27.5%的。湖北碳排放交易市场日均交易量显著高于其他几个试点，配额价格则低于其他几个试点，并在 20～30 元/吨之间平稳波动。

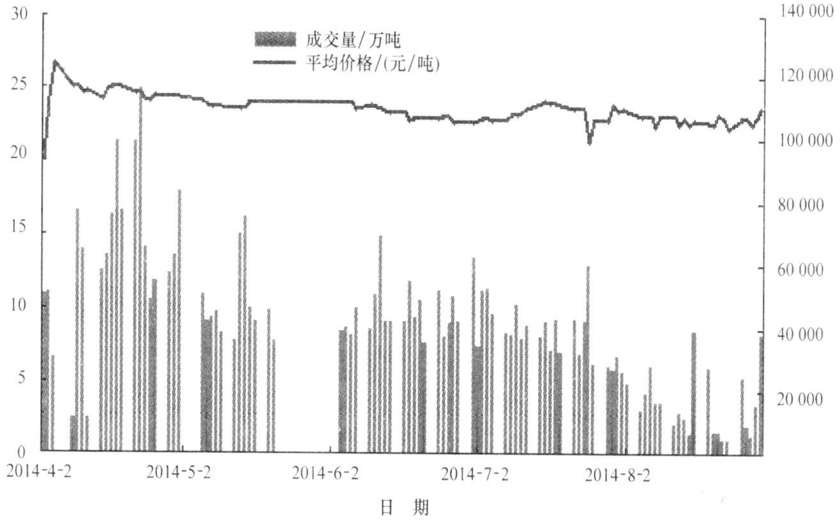

图 9-6　湖北排放权交易所价格(均价)走势图

7. 重庆市碳市场交易情况

2014年6月19日,重庆碳排放交易试点正式启动配额交易,标志着中国第七个区域碳排放交易市场进入运行阶段。由于重庆市仅6月19号当天有145000吨的交易量,成交额为4457500元,交易额相比总的交易额较少,后续市场没有交易;故而,没有相应的价格走势图。

各个碳排放交易试点地区在市场价格、成交量、交易活跃程度等方面均存在显著差异。目前。深圳和北京碳市场价格最高且波动较为剧烈,在50～80元/吨之间上下振荡;广东碳市场价格位列其后,在40～70元/吨之间上下振荡;上海、天津、湖北和重庆碳排放交易市场配额价格较低,位于20～50元/吨。成交量和市场活跃度方面,最早启动交易的深圳碳排放交易市场较为活跃,个人投资者、管制单位的交易活动比较频繁。上海、北京碳排放交易市场于2013年11月启动,2013年市场交易不活跃,但进入2014年后市场活跃程度显著提高。广东和天津试点于12月正式启动配额市场交易,但广东碳排放交易市场总体不活跃,交易稀薄,但交易额还是达到一定的数量;而天津碳排放交易市场在启动之初交易比较活跃,但进入2014年上半年市场成交量和活跃度呈现下降趋势,进入2014年中旬和下半年之后市场成交量和活跃度显著增强。湖北试点是第六个启动的交易试点,但市场交易量和成交额显著高于其他几个试点。重庆试点市七个试点中最后一个启动的试点,除了首日有交易外,其余时间均没有交易,市场活跃度明显不行。

9.4 中国配额碳市场综合价格

配额价格在不同趋于碳排放交易市场之间存在显著差异,最高价与最低价相差2～3倍之多。如果想描述中国碳配额价格的总体水平,就有必要构造中国配额碳市场综合价格。构造综合指数的关键在于选择有代表性的碳配额市场价格,确定各个价格所占权重,并且要考虑各个市场交易量对市场代表性的影响。构建中国配额碳市场综合价格:其一,现阶段中国已运行七个碳排放交易市场分别代表了七个试点地区的配额价格,均可作为中国碳配额价格综合指数的样本;其二,各个试点配额价格对全国市场价格的影响程度不同,其关键决定因素则是试点配额总量;其三,各个市场交易量对代表性的影响。北京大学环境与能源学院低碳金融研究中心提出基于各试点签发的年度可流通配额总量对试点市场价格进行加权,在此基础上,用具体各个市场的交易量进行修正,计算得出一个表征中国碳排放交易试点总体价格走势的综合指数，即中国配额碳市场北大综合价格(ACP-PKU, Carbon Price PKU)。

上述七个试点中，广东省配额总量(2013 年)为 3.88 亿吨，是现阶段世界第二大的碳排放交易市场；湖北省配额总量(2014 年)为 3.24 亿吨，为世界第三大的碳排放配额市场。此外，天津试点配额总量(2013 年)和上海试点接近，二者均约为 1.6 亿吨配额，重庆试点配额总量为 1.25 亿吨，北京试点配额总量(2013 年)约为 0.5 亿吨，深圳试点(2013 年)约为 0.33 亿吨，七个试点市场总计年配额约为 11.4 亿吨。各试点地区配额数量在七家试点配额总量中所占的比例，即为各试点在计算北大碳配额价格综合指数中的权重。

1. 指数构成

中国碳配额价格综合指数反映由深圳、上海、北京、广州、天津以及湖北等六家区域碳市场价格共同构成的中国碳配额价格总体走势，各试点价格按照开市时间先后依次加入，权重为该试点配额数量在已运行试点配额总量中的占比。

2. 指数公式

$$\text{Price Index} = \left(\sum_{i}^{k} p_i \lambda_i Q_i\right) / \sum_{i}^{k} Q_i \tag{9-1}$$

其中，k 为当天已经开市且具有成交的交易所总数；P_i 为第 i 家交易所当日市场均价；λ_i 为第 i 个市场流动性指标；Q_i 为第 i 家交易所所在试点配额数量。

3. 中国配额碳市场北大综合价格——ACP-PKU 走势

根据上述公式计算出的具体结果见图 9-7。

图 9-7　基于试点地区配额数量占比加权计算的中国碳配额综合价格

由图 9-7 可以看出：

(1) 2013 年 6 月 18 日～11 月 26 日，ACP-PKU 由深圳试点价格决定，其中：9 月 15 日之前，由于深圳市场价格稳步上升，价格指数也呈持续上涨趋势；9 月下旬直至 11 月 26 日，价格指数在 60～120 元/吨之间振荡。

(2) 2013 年 11 月份，上海和北京碳排放交易试点相继启动，中国碳配额市场容量显著扩张。由于上海、北京配额总量较高，但成交均价较低，拉低了 ACP-PKU，使之下降至 20～40 区间。

(3) 12 月份，广东和天津试点启动，尤其是广东试点配额总量居国内首批 7 个试点之首，二者市场价格将在价格指数变动趋势中发挥重要作用。但由于成交量较小，广东和天津试点的加入并未对 ACP-PKU 产生明显作用，这一时期指数整体比较平稳。

(4) 进入 2014 年后，国内试点碳配额市场交易活跃度提高，综合价格呈缓慢上升趋势。

(5) 4 月 2 日，湖北省试点启动配额交易。该试点配额总量仅次于广东省试点，而且在短时间内创造了大量成交量，对价格走势产生了重要影响。另外，伴随着上海、深圳等试点履约期的逼近，市场交易活跃度和价格波动程度均呈现显著上升趋势，ACP-PKU 在这一时期波动也较为剧烈。

(6) 6 月 19 日，重庆市试点启动配额交易。该试点配额总量在七个试点中居中，且仅仅启动的第一天有成交额，后续均无成交额，市场不活跃，对市场综合价格影响不大；ACP-PKU 在后续期间呈现平稳下降趋势。

(7) 8 月 31 日，ACP-PKU 价格为 35.26 元。

9.5 小　结

碳排放交易市场为碳排放权资源供需双方搭建了一个便利的交易平台，能有效降低温室气体减排成本，有助于促进中国经济的低碳发展，对于推动中国运用市场机制以较低成本实现中国控制温室气体排放行动目标具有重要意义。

近些年，中国碳排放交易市场步入了快速发展阶段。2011 年 10 月 29 日，中国国家发展和改革委员会启动了北京、天津、上海、重庆、湖北、广东、深圳等七省市碳排放“总量控制与配额交易”试点工作，同年 12 月国务院发布《十二五控制温室气体排放工作方案》，各试点地区也相继发布《控制温室气体和应对气候变化十二五规划》。与此同时，以北京环境交易所、上海环境能源交易所、天津排放权交易所、深圳排放权交易所等为代表的中国碳排放交易所正积极探索和实践具有中国特色的温室气体排放权资源定价机制，为中国应对全球气候变化提供市场激励和金融支持。目前，深圳、上海、北京、广东、天津、湖北等碳排放权交易试点已陆续启动区域配额碳市场交易。由于经济发展、能源结构、产业特征等方面存在的显著差异，各个试点碳排放交易体系的机制设计各不相同，配额碳市场的价格、成交量、交易活跃度等也存在明显差异。截止 2014 年 4 月 30 日，中国已启动的六个配额碳市场在接近 200 个交易日内累计成交量约为 311.7 万吨，日均成交量略低于 1.6 万吨，交易比较稀薄，市场活跃度仍旧需要提升。

由于配额价格在不同试点碳市场之间存在显著差异，本章提出基于各试点签发的年度可流通配额总量对试点市场价格进行加权，在此基础上计算一个表征中国碳排放交易试点总体价格走势的综合价格，即中国配额碳市场综合价格。这一综合价格可用于反映中国配额碳市场价格的总体走势，还可用于与国际碳市场价格进行比较。

Conclusion

Carbon emissions trading market builds a convenient trading platform for demand and supply of carbon allowances, can effectively lower costs for greenhouse gases emissions reduction, helps promote low-carbon development of China's economy and is significant for China to control greenhouse gases emissions at low costs and through market-oriented mechanism.

In recent years, China's emissions trading market has entered a stage of rapid development. On October 29, 2011, the National Development and Reform Commission launched "cap control and allowances trading" pilot in seven provinces and cities, namely, Beijing, Tianjin, Chongqing, Hubei Province, Guangdong Province and Shenzhen. In December of the same year, the State Council released *Working Plan for Greenhouse Gases Emissions Control in the Twelfth Five-Year* and pilots regions successively released *The Twelfth Five-Year Plan for*

Greenhouse Gases Control and Climate Change Mitigation. At the same time, China's carbon emissions exchanges represented by China Beijing Environment Exchange, Shanghai Environment Energy Exchange, Tianjin Climate Exchange and China Emissions Exchange etc. are actively exploring and practicing a pricing mechanism with Chinese characteristics for greenhouse gases emissions resources, providing market incentives and financial support for China's addressing of global climate change. Currently, carbon emissions trading pilots in Shenzhen, Shanghai, Beijing, Guangdong Province, Tianjin and Hubei Province have launched regional carbon allowances trading market one after another. Because of obvious differences in economic development, energy structure, industrial features and other aspects, and different mechanism designs of each pilot carbon emissions trading system, price, trading volume and trading activeness of carbon allowance market greatly differ from each other. Till April 30, 2014, China's six already launched carbon allowance market had an accumulative trading volume of 3.117 million tons within nearly 200 trading days with an average daily trading volume of slightly lower than 16000 tons. The trading was thin and market activeness still needs promotion.

Since allowance prices significantly differ among pilot carbon markets, this chapter proposes to weight prices in pilot markets on the basis of negotiable annual allowances issued by each pilot. Based on this, it is to design a comprehensive price indicating the overall price trend of China's carbon emissions trading pilots, namely, the comprehensive price for China's allowances carbon market. The comprehensive price can be applied to reflect the overall trend of China's allowances carbon market, and be compared with prices of international carbon markets.

第10章　碳金融第三方机构

第三方机构是独立于金融机构与政府,在碳金融体系中起到核证、咨询、评级、方法学开发等服务作用的独立第三方实体,第三方机构主要包括第三方核证机构、方法学研究机构、第三方咨询机构、碳信用评级机构等。

10.1　第三方核证机构

第三方核证机构是指碳排放权交易中,为避免或减少虚假的排放数据、确认项目产生的减排量的真实性,而规定的经过认证、独立于甲乙双方的第三方交易辅助机构。第三方核证机构进行碳排放认证核查在国际间减排合作、国内减排监督以及碳市场运行中发挥着极为重要的作用:

首先,碳排放第三方认证核查是应对气候变化国际合作建立互信的基础。从国际层面来看,碳减排的“透明度”问题已成为气候谈判的核心问题。根据“巴厘路线图”的要求,发达国家的减缓行动和发展中国家在发达国家资金和技术支持下的减排行动都具有法律约束力,需要按照“三可”[“可测量,可报告.可核查”(MRV)]原则进行认证。在国际间减排的监测、报告与核查过程中,由于涉及国家主权问题,需要通过独立的第三方机构在一定的规则下对有关各方的减排行为进行认证核查。第三方机构的认证核查是国际间报告和核查机制中的重要环节,是有关各方建立互信的基础。

其次,碳排放第三方认证核查机制是国内减排监管体系的重要组成部分。对于发展中国家而言,在碳排放的监管工作中,面对众多的排放主体,政府部门逐一对其碳排放情况进行核查的成本很高,且难以实现。在企业到政府之间的碳排放报告与核查过程中,通过第三方机构的广泛参与,可以降低政府对减排行动的监管成本,提高政府对碳排放监管工作的效率。同时,可以提高政府对碳排放监管的透明度和公信力。

最后,碳排放第三方认证核查是实施碳交易等市场机制的重要制度安排。碳排放权交易作为一种“创建市场”的减排政策工具,与其他交易的不同在于，碳排放权“资产”产生的重要前提是人为对碳排放总量进行设定和对排放实体的有效监测。因此，必须通过一定的监测与核查制度对排放实体的实际排放量进行有效监测和核查，以确保排放数据的可靠性和可信度。为确保碳市场的公正、公开，第三方认证核查机制至关重要。

按照所服务碳市场的不同，第三方核证机构可分为清洁生产机制中的指定经营实体，中国自愿减排第三方核证机构和国内配额碳市场第三方核证机构。

10.1.1 清洁生产机制中的指定经营实体

指定经营实体（Designated Operational Entity，DOE）特指清洁发展机制（CDM）中的第三方核证机构。CDM 的流程大致是：“设计—审定—注册—监测—核查—签发 CERs”。在这整个过程中，DOE 在审定和核查两个环节开展认证与核查工作。通常，为了保证第三方机构的公正性，一个 CDM 项目的审定环节和核查环节必须由不同的第三方机构来完成。DOE 在 CDM 项目运作过程中至关重要，它直接决定了一个 CDM 项目能否成功注册、产生的温室气体减排量能否获得签发以及签发量的多少。

指定经营实体有非常严格的准入标准。要成为清洁发展机制的指定经营实体，必须要符合相应的条件并经过 CDM 执行理事会（EB）的认证，并最终由《联合国气候变化框架公约》的缔约方会议（COP/MOP）指定。DOE 的工作具有很强的专业性，根据国际规则，CDM 项目主要涉及 15 个专业领域，分别是：① 能源工业；② 能源分配；③ 能源需求；④ 制造业；⑤ 化工行业；⑥ 建筑行业；⑦ 交通运输业；⑧ 矿产品；⑨ 金属生产；⑩ 燃料的飞逸性排放；⑪ 碳卤化合物和六氟化硫的生产和消费产生的飞逸性排放；⑫ 溶剂的使用；⑬ 废物处置；⑭ 造林和再造林；⑮ 农业。各 DOE 并非所有领域都涉及，有的只在部分专业领域获得 EB 的授权。

DOE 在 CDM 碳市场中以独立于买卖方的第三方形式履行其审查与监督职能，具有不可替代的作用：首先，DOE 是核证 CDM 项目减排效果的重要手段；其次，DOE 是 CDM 体系中的一个重要环节也是完善整个体系的推动者；第三，DOE 能够完善项目监测、报告与核查（MRV）体系，促进减排。

全球目前经过 EB 认证的指定经营实体有 41 家，其中中国本土有 8 家机构获准，这些机构分别是：莱茵技术（中国）有限公司[TüV Rheinland (China) Ltd.]，中环联合（北京）认证中心有限公司（China Environmental United Certification Center Co., Ltd., CEC)，中国质量中心(China Quality Certification Center, CQC)，中国船级社认证公司(China Classification Society Certification Company, CCS)，广州赛宝认证中心有限公司(CEPREI certification body, CEPREI)，香港品质保障局(Hong Kong Quality Assurance Agency, HKQAA)，深圳华测鹏程国际认证有限公司(Shenzhen CTI International Certification Co., Ltd., CTI)，东北认证有限公司(Northeast Audit Co., Ltd., NAC)。具体信息由表 10-1 所示。

表 10-1　截至 2013 年中国 DOE 信息列表

DOE 名称	缩　　写	EB 批准时间	认证领域	所在地
莱茵技术(中国)有限公司	TüV Rheinland (China)	2005 年	1～15	北京
中环联合(北京)认证中心有限公司	CEC	2009 年	1～15	北京
中国质量认证中心	CQC	2009 年	1～15	北京
中国船级社质量认证公司	CCS	2011 年	1～10,13	北京
广州赛宝认证中心服务有限公司	CEPREI	2010 年	1～5,8～10,13,15	广州
香港品质保障局	HKQAA	2011 年	1	香港
深圳华测鹏程国际认证有限公司	CTI	2012 年	1～4,6,7,9,10,13	深圳
东北认证有限公司	NAC	2013 年	1～13,15	沈阳

注：表中认证领域 1～15 分别为：1. 能源工业；2. 能源分配；3. 能源需求；4. 制造业；5. 化工行业；6. 建筑行业；7. 交通运输业；8. 矿产品；9. 金属生产；10. 燃料的飞逸性排放；11. 碳卤化合物和六氟化硫的生产和消费产生的飞逸性排放；12. 溶剂的使用；13. 废物处置；14. 造林和再造林；15. 农业。

数据来源：UNFCCC 联合国气候变化框架公约网站统计。

总体而言，中国 DOE 起步比较晚，外方认证机构在中国碳市场抢占了 DOE 发展先机，并占据主导地位。在《京都议定书》还未生效时已有部分机构看到其中的商机，成功申请该资质：挪威船级社(DNV)、日本品质保证机构(JQA)于 2004 年即获得首批 DOE 授权，南德(TüV SüD)等机构也于《京都议定书》生效前获得授权。2005 年《京都议定书》生效后，国际碳市场迅速发展，CDM 项目在全球顺利开展，早期获得授权的 DOE 抢得发展先机，占据大部分市场份额。截至 2013 年中国虽有八家 DOE 获得 EB 授权，但在中国 CDM 市场仍只占有很小的市场份额，在中国 CDM

项目签发量占全球市场一半以上的情势下也并未发挥本土优势，业务量不及其他主要外方的 DOE。另外，部分国内 DOE 虽然授权领域广泛，但实际上参与的项目基本为新能源与可再生能源项目，除少量填埋气、煤矿和生物质项目以外，其他技术领域的项目都未涉足。

10.1.2　中国自愿减排第三方核证机构

2012 年 6 月国家发展和改革委员会印发了《温室气体自愿减排交易管理暂行办法》(以下简称《暂行办法》)，促进和规范温室气体自愿减排交易的有序开展。国家对温室气体自愿减排交易采取备案管理，参与自愿减排交易的项目在国家主管部门备案和登记，项目产生的减排量在国家主管部门备案和登记，并在经国家主管部门备案的交易机构内交易。

《暂行办法》规定，经备案的自愿减排项目产生减排量后，作为项目业主的企业在向国家主管部门申请减排量备案前，应由经国家主管部门备案的核证机构核证，并出具减排量核证报告。减排量核证报告主要包括以下内容：① 减排量核证的程序和步骤；② 监测计划的执行情况；③ 减排量核证的主要结论。中国自愿减排第三方核证机构作为中国自愿减排交易中的一个重要环节，有着不可或缺的地位，它为减排量可靠可信的计算和交易的公平提供有力保障。

2013 年 6 月 13 日，国家发展改革委气候司公布温室气体自愿减排交易第一批审定与核查机构。经审核，中国质量认证中心、广州赛宝认证中心服务有限公司等两家机构符合《温室气体自愿减排交易管理暂行办法》和《温室气体自愿减排项目审定与核证指南》规定的备案条件，已予以备案。2013 年 9 月 2 日，国家发展改革委气候司公布温室气体自愿减排交易第二批审定与核查机构。经审核，中环联合(北京)认证中心有限公司符合《温室气体自愿减排交易管理暂行办法》和《温室气体自愿减排项目审定与核证指南》规定的备案条件，已予以备案。

总的来说，截止 2013 年经国家发展和改革委员会审批通过并予以备案的中国自愿减排交易中第三方审定和核证机构有三家，分别是中国质量认证中心、广州赛宝认证中心服务有限公司、中环联合(北京)认证中心有限公司。

10.1.3　国内配额碳市场第三方核证机构

在“两省五市”碳排放权交易试点确定之后，各试点发展和改革委员会相继完善碳排放权交易体系，健全碳排放权交易市场机制，第三方核证机构的确立和公布也是各试点作出的重要工作。如表 10-2 所示，为截至 2013 年底已经启动五个碳排放权交易试点的发展和改革委员会公布的第三方核证机构。

表 10-2　2013 年五个碳排放权交易试点第三方核证机构名单

试点	核查机构名单	试点	核查机构名单
深圳21家	中国质量认证中心深圳分中心	北京19家	中国质量认证中心
	深圳华测鹏程国际认证有限公司		中环联合（北京）认证中心有限公司
	深圳赛西信息技术有限公司		中国船级社质量认证公司
	深圳万泰认证有限公司		北京赛西认证有限责任公司
	深圳市计量质量检测研究院		北京鉴衡认证中心有限公司
	深圳市标准技术研究院		中节能咨询有限公司
	中国检验认证集团深圳有限公司		北京中创碳投科技有限公司
	深圳市环通认证中心有限公司		方圆标志认证集团产品认证公司
	深圳市南方认证有限公司		中国建材检验认证集团有限公司
	深圳市绿创人居环境促进中心		中国建筑科学研究院
	深圳市宗兴环保科技有限公司		北京市环境保护科学研究院
	深圳嘉德瑞碳资产投资咨询有限公司		北京节能技术监测中心
	深圳市碳联网科技发展有限公司		北京建筑技术发展有限公司
	深圳中碳融通资产管理有限公司		北京中竞同创能源环境技术有限公司
	深圳中兴新源环保股份有限公司		联合优斯（北京）技术服务有限公司
	深圳市环境工程科学技术中心有限公司		北京节能环保中心
	深圳市深港产学研环保工程技术股份有限公司		北京国农小康经济技术发展中心
	中国船级社深圳分社		华夏认证中心有限公司
	深圳深态环境科技有限公司		环境保护部环境规划院
	深圳市冠智达实业有限公司		
	深圳市康达信管理顾问有限公司		
广州5家	中国质量认证中心广州分中心	上海10家	上海市信息中心
	广州赛宝认证中心服务有限公司		中国质量认证中心上海分公司
	中科院广州能源研究所		中环联合（北京）认证中心有限公司上海分公司
	中山大学		上海市节能减排中心有限公司
	华南理工大学		上海同际碳资产咨询服务有限公司
天津4家	天津市环境保护科学研究院		上海市环境科学研究院
	中国质量认证中心		上海市建筑科学研究院
	中国船级社质量认证公司		上海市能效中心
	天津国际工程咨询公司		上海泰豪智能节能技术有限公司
			上海同标质量检测技术有限公司

注：数据来源于各地发改委网站公布及中创碳投《中国碳市场 2013 年度报告》。

总体看来，经各地发展和改革委员会批示，2013 年已开展碳排放权交易的五个试点中，深圳市有 21 家第三方核证机构、北京市 19 家、上海市 10 家、广东省 5 家、天津市 4 家。北京市和上海市碳排放权交易启动得较早，深圳市也在 2013 年 6 月启动，故而这三地地方发展与改革委员会公布的第三方核证机构数量较多，这也是碳排放权交易平台建设比较健全和完善的一个反映。而广东省和天津市启动时间都在 2013 年 12 月份，广东省和天津市发展与改革委员会暂未公布经批准的第三方的核证机构，且从事第三方核证工作的机构数目也较少。另外，湖北省和重庆市的碳排放权交易工作还未启动，在 2014 年启动后第三方核证机构的确立和批准也将是完善碳排放权交易体系的一项重要内容。

中国在"十二五"规划中提出了碳排放约束性指标，目前对碳排放的监管尚处于起步阶段。国内碳交易处于试点阶段，全国范围的配额市场尚未开始，自愿市场也只是处于初始阶段。在这样的背景下，各地没有对碳排放核算和认证的统一标准是将会面临的一个问题。北京环境交易所开发了熊猫标准，湖南和湖北自行开发了区域性标准，台湾地区有金龙标准等，标准的多样化很可能影响中国碳市场的培育和健康发展，这也将是发展各地第三方核证机构发展需要注意的。

10.2 方法学研究机构

方法学的研究与开发是温室气体减排的一个重要环节。方法学是指用于确定项目基准线、论证额外性、计算减排量、制定监测计划等的方法指南。目前，中国方法学研究机构主要服务于清洁发展机制 CDM 项目和国内温室气体自愿减排交易体系。

对于 CDM 项目，为确保环境效益，确保 CDM 项目能带来长期的、实际可测量的、额外的减排量，需要建立一套有效的、透明的和可操作的 CDM 方法学。在申报 CDM 项目时，需采用经联合国清洁发展机制执行理事会 EB 审批的方法学进行上报。目前，中国使用的 CDM 方法学多直接采用国外机构的研究成果，很少有国内自主研发的方法学获批予以备案。

对于国内温室气体自愿减排项目，根据国家发展改革委员印发的《温室气体自愿减排交易管理暂行办法》规定，参与温室气体自愿减排交易的项目应采用经国家主管部门备案的方法学并经由国家主管部门备案的审定机构审定。

EB 或国家发展与改革委员会对于方法学研究机构的资质并没有限

制和要求，只需要研发的方法学可以通过审批即可。截至 2013 年，中国已研发获 EB 认证的 CDM 方法学或自愿减排项目方法学（以下简称 CCER 方法学）的机构如下：

1. 大唐物资公司

“新建高效化石燃料并网发电的 CDM 项目方法学”（项目编号：ACM0013）（同时也是 CCER 方法学 CM-006-V01）由大唐物资公司和清华大学 CDM 中心联合开发，2007 年 9 月获得联合国 CDM 执行理事会（EB）通过。这是中国第一个自主研发并经审核通过的 CDM 方法学，实现了中国自主开发方法学“零”的突破，使世界范围内的 CDM 项目从可再生能源领域扩展到了超超火电建设领域，同时为国家及集团公司超超临界机组的运营带来可观的额外收益。该方法学的成功开发，不仅为项目本身带来了巨大的经济效益，同时为推动中国清洁发展机制的发展和中国电力工业走可持续发展之路起到了积极的促进作用。

2. 北京京桥热电有限责任公司

北京京桥热电有限责任公司成功开发 CDM 方法学 AM0107“新建天然气热电联产电厂方法学”（同时也是 CCER 方法学 CM-038-V01），是又一个由中国自主研发并获得 EB 批准的方法学，为众多天然气热电联产项目开发成为 CDM 项目扫清了无可用方法学的障碍。

3. 中国农科院

“湖北省恩施州生态家园户用沼气池”项目于 2009 年 2 月 19 日获联合国批准，成功注册为清洁发展机制（CDM）项目，是第一个根据中国专家提出的 CDM 方法学开发并获准注册的农村户用沼气 CDM 项目。中国农科院项目专家组在充分调研的基础上，结合中国户用沼气池的特点，研究提出了 AMS-Ⅲ.R 方法学“农户/小规模农场农业活动甲烷回收”（同时也是 CCER 方法学 CM-026-V01）获得了联合国 CDM 执行理事会的批准。

4. 中石化新星石油公司

2010 年 6 月，中石化新星公司与冰岛绿源公司签订《关于组建中冰合资绿源地热能源开发总公司的框架协议》，为中国石化地热项目快速发展奠定基础。2012 年，新星公司地热资源开发利用的步伐再加速，陕西咸阳地热供暖项目成功注册为全球首个地热 CDM（地热集中供暖清洁发展机制）项目，同时注册的“供热中使用地热替代化石燃料”方法学 AM0072（同时也是 CCER 方法学 CM-022-V01），是世界地热供暖领域第一个可应用的方法学。

5. 天津泰达环保有限公司

天津泰达环保有限公司为天津市最大的可再生能源与环保企业之一，其建设运营的双港垃圾焚烧发电厂是目前全国第一个垃圾焚烧国家级示范工程。

天津泰达环保有限公司与清华大学气候变化国际政策研究中心合作完成的“垃圾焚烧 CDM 方法学”AM0025 已获得联合国 CDM 执行理事会批准和公示。

6. 清华大学

清华大学在参与 CDM 方法学研究中的研究成果颇丰，其参与合作的 CDM 方法学 ACM0013“新建高效化石燃料并网发电的 CDM 项目方法学”、CDM 方法 AM0025 垃圾焚烧 CDM 方法学、CDM 方法学 AM0088“LNG 冷能利用方法学”等都是经 EB 批准的，清华大学在对 CDM 的研究中做出较大贡献。

7. 中国林科院

CDM 方法学 AR-AM0006“以灌木为辅助的退化土地造林再造林方法学”由中国林科院森林生态环境与保护研究所牵头，意大利 Tuscia 大学、国家林业局荒漠化防治中心、内蒙古赤峰市林科所、内蒙古敖汉旗林业局联合开发。林业专家指出，该方法学的批准不仅为中意合作敖汉项目完成碳汇注册和交易奠定了基础，也为荒漠化地区乔灌混交造林项目申请 CDM 碳汇项目、为荒漠化防治产生全球环境效益的测算奠定了方法学基础。

8. 北京中创碳投科技有限公司

北京中创碳投科技有限公司在温室气体排放核算、温室气体减排等方面的标准制定方面一直处于行业领袖地位，成功开发多个 CDM 方法学及国内自愿减排方法学，与中海石油气电集团有限公司合作开发了 CDM 方法学 AMS-Ⅲ. AY“LNG 汽车引入现有和新建公交路线方法学”，并参与一些其他 CDM 方法学和 CCER 方法学的研发。

9. 中国绿色碳汇基金会

由国家林业局造林司组织，中国绿色碳汇基金会等机构开发 CCER 方法学 AR-CM-001-V01“碳汇造林项目方法学”于 2013 年 10 月由国家发展和改革委员会公布备案，这为森林碳汇项目的开展以及碳汇林业交易都做出一定铺垫。

10. 浙江农林大学

由浙江农林大学、国际竹藤组织和中国绿色碳汇基金会等单位共同开发的国内 CCER 方法学 AR-CM-002-V01“竹子造林碳汇项目方法学”，获得了国家林业局认可，正式颁布实施。该方法学规定了开发竹林碳汇项目的技术要求，不仅适用于中国也可供其他国家开发竹林项目时参考。它的发布，将推动中国乃至世界竹林碳汇项目进一步开展，为适应气候变化做出新贡献。

目前国内 CDM 和 CCER 方法学研发单位正在逐步发展，文中列举的也只是部分研发单位。在中国清洁发展机制发展过程中 CDM 方法学的开发须作为国内 CDM 建设和开发的一项重要任务，自主开发适合中国国情的方法学，改变目前正在进行或处于审批阶段 CDM 项目使用方法学大都源于国外的状况。CCER 方法学开发在国内自愿减排交易发展过程中也是亟待完善的，目前经国家发展与改革委员会备案都大都由 CDM 项目转化而来，研发适合中国自愿减排现状的方法学以推动中国国内自愿减排交易的发展刻不容缓。

10.3　碳咨询机构

碳咨询机构，是指从事与碳金融有关，以提高服务对象的资源利用效率和降低其温室气体排放量为主要目的的咨询机构。碳咨询机构对政策更熟悉、对资本市场更了解、对技术的学习和掌握也更加快速，能够更快地综合各方面因素为企业提供相关建议。中国碳咨询机构虽起步较晚，但发展势头正逐步加快，目前主要开展 CDM 项目咨询、碳资产开发、碳资产管理、碳交易服务等业务。

1. CDM 项目咨询

CDM 咨询公司的主要服务于中国有 CMD 项目需求的企业，在企业开展 CDM 项目申请直至完成联合国 CDM 理事会注册等一系列工作中提供帮助。

由于 CDM 申请要求非常复杂，技术专业程度高，面对潜在的 CDM 市场，国内的 CDM 咨询机构迅速发展，已经初具规模。截止 2013 年，国家发展改革委员会气候变化司 CDM 信息平台上注册的有 85 家咨询机构（见表 10-3），还有许多咨询机构暂未在该平台注册。碳咨询机构主要分为三种类型：① 学术机构，如煤炭信息研究院、清华大学核研院全球气候变化研究所等；② 咨询公司，如北京易澄信诺碳资产咨询有限公司、荷兰 CVDT 咨询（中国）公司等；③ 产学研相结合的非营利机构，如清华大学 CDM 推广中心等。其中，咨询公司占数量上的绝大多数。

表 10-3 截至 2013 年 CDM 咨询机构

编号	碳咨询机构名称	编号	碳咨询机构名称	编号	碳咨询机构名称
1	北京天擎动力国际清洁能源咨询有限公司	17	荷兰 CVDT 咨询(中国)公司	33	上海长三角投资咨询有限公司 CDM 服务中心
2	北京易澄信诺碳资产咨询有限公司	18	甘肃通和投资项目咨询有限责任公司	34	清华大学核研院全球气候变化研究所
3	汉能控股集团.清能投资咨询(北京)有限公司	19	德和威(北京)环境工程有限公司	35	三菱日联摩根士丹利证券株式会社
4	湖南省 CDM 项目服务中心	20	ITPower 英国可再生能源有限公司	36	北京碳投国际咨询有限公司
5	电投(北京)碳资产经营管理有限公司	21	国家环境保护总局环境保护对外合作中心	37	北京京诚嘉宇环境科技有限公司(冶金清洁生产技术中心)
6	超越联创环境投资咨询(北京)有限公司	22	上海鑫碳投资管理有限公司	38	长沙五色石环保科技有限公司
7	中国水利电力物资有限公司 CDM 办公室	23	艾格特国际环境科技(北京)有限公司	39	北京绿源伟业环境能源投资顾问有限公司
8	北京浩华江河国际水利工程咨询有限公司	24	格林菲尔德环境管理咨询(北京)有限公司	40	上海景益投资管理有限公司
9	甘肃 CDM 联合办公室	25	瑞丰华庭国际咨询(北京)有限公司	41	深圳嘉德瑞碳资产投资咨询有限公司
10	北京市科吉咨询服务有限责任公司	26	上海益清环境技术有限公司	42	银龙兴(北京)咨询有限公司
11	北京一致人和国际环境科技有限公司	27	中国资源综合利用协会可再生能源专业委员会	43	广东省 CDM 技术研究与服务中心
12	济丰环保科技咨询(上海)有限公司	28	湖南爱德节能科技有限公司	44	多利诺(北京)工程咨询有限公司
13	上海川吉投资管理有限公司	29	北京雨幕咨询有限公司	45	北京和碳环境技术有限公司
14	宁夏 CDM 环保服务中心	30	北京景源丰华国际咨询有限公司	46	中国福霖风能开发公司
15	上海为泰环保科技事务所	31	科威国际技术转移有限公司	47	中环天和国际环境咨询(北京)有限公司
16	杭州超腾环境工程有限公司	32	葡萄牙艾柯布莱苏环境与发展有限公司	48	北京帕斯菲投资咨询中心

续表

编号	碳咨询机构名称	编号	碳咨询机构名称	编号	碳咨询机构名称
49	国际小水电中心	62	COWI咨询（北京）有限公司	75	河北省清洁发展机制项目办公室
50	深圳相控科技有限公司	63	北京卡本福瑞国际能源投资咨询有限公司	76	世纪万安科技（北京）有限公司（煤炭工业CDM促进中心）
51	天逸腾飞国际环境咨询（北京）有限公司	64	北京赛克赛德管理咨询有限公司	77	北京计鹏信息咨询有限公司
52	安科碳资产管理有限公司	65	北京资盛隆环保科技有限公司	78	福州绿禾环保技术有限公司
53	绿章（北京）新能源技术有限公司	66	四川华睿川协管理咨询有限责任公司	79	北京及业索微科技发展有限责任公司
54	上海丸九环保科技有限公司	67	四川省CDM中心	80	中国林业科学研究院森林生态环境与保护研究所
55	江苏省生产力促进中心	68	北京金谷华沣能源投资有限公司	81	国家安全生产监督管理总局信息研究院（煤炭信息研究院）
56	山西省清洁发展机制领导组	69	北京文户经济咨询中心	82	吉林省科信清洁发展技术服务中心
57	北京中碳技术有限公司	70	北京科林蓝宇环境技术有限公司	83	贵州清洁发展机制技术服务中心
58	北京东方碳信环境科技有限公司	71	国电环境保护研究院	84	山西大气CDM技术中心
59	湖北省清洁发展机制（CDM）服务中心	72	贵州CDM技术咨询中心	85	山东省清洁发展机制技术服务中心
60	四川普拉德清洁能源咨询有限公司	73	云南省清洁发展机制技术服务中心		
61	北京科太亚洲生态科技有限公司	74	中节蓝天投资咨询管理有限责任公司		

数据来源：国家发展改革委员会气候变化司CDM信息平台。

中国CDM咨询公司的一般业务分为以下三个方面：① 潜在CDM项目调查，帮助对东道国不熟悉的投资者从众多的常规项目中，寻找符合CDM机制要求的项目；② CDM项目融资，在CDM项目融资方面，帮助国外投资者与国内CDM项目实施者建立联系；③ CDM项目申请，由于

CDM 项目的申请程序有别于常规项目，并且相当复杂，项目业主往往对 CDM 的申请和审批程序基本不了解，咨询机构在 CDM 项目的申请过程中可提供比较专业的咨询服务。中国几乎所有的向联合国申报的 PDD 文件都是由 CDM 咨询公司制作的。

虽然目前中国的 CDM 咨询公司在一定程度上帮助了对象企业获得发展低碳经济的资金和技术，但是其业务多局限于文件制作和项目申请本身，业务层次比较低级。

2. 碳资产开发

中国碳资产开发项目分为国内自愿减排项目开发和区域性减排项目开发，碳资产开发公司为项目开发提供相关咨询和服务。

国内自愿减排项目是指按照国家《温室气体自愿减排交易管理暂行办法(发改气候[2012]1668 号)》为风电、水电、节能改造等可产生减排量、并可用于抵消试点地区排放配额的节能减排项目。碳资产公司负责对企业相关项目进行预评估，并提供前期必要的咨询服务。如符合开发条件，则企业委托碳资产公司开发相关项目，并根据要求提供相关文件材料，碳资产公司提供国内自愿减排项目的项目识别、方法学开发、买家比选、项目设计文件编制、DOE 审定、主管机构审批、项目注册、项目监测、DOE 核查、签发审批以及商务纠纷处理等全流程工作。

试点地区认可的区域性减排项目是指能产生符合试点七省市政府规定的、可用于抵消本地排放配额的减排量的项目。碳资产公司负责对企业相关项目进行预评估，并提供前期必要的咨询服务。如符合开发条件，则企业委托碳资产公司开发相关项目，并根据要求提供相关文件材料，碳资产公司提供项目识别、方法学开发、买家比选、项目设计文件编制、DOE 审定、主管机构审批、项目注册、项目监测、DOE 核查、签发审批以及商务纠纷处理等全流程工作。

3. 碳资产管理

随着国家及众多省市“十二五”规划的陆续出台，能源战略更加明确，减排目标更加严苛，企业面临这新一轮节能减排的重大挑战。碳资产公司可为企业提供近期或远期的碳战略规划，通过将低碳发展纳入企业战略规划，实现低碳转型，降低相关气候风险、法规风险和市场风险，获取更高的经济效益和国际国内市场竞争力。

中国碳资产管理公司开展的业务呈现出一定的多样性。根据企业实际情况，为企业设计碳资产管理的组织架构，确定各相关方的职责权限，在组织层面上健全碳资产管理的机制；为企业编制符合自身发展战略和特色的温室气体排放核算指南，确定企业温室气体减排基准年及核算标准，科学地计算温室气体排放及减排情况，并根据企业提供的相关数据提供每年一次的碳盘查服务；为有需求的大型企业设计并建立温室气体排放信息系统，帮助企业及时准确掌握自身排放情况；另外，碳资产公司还可以为符合条件的大型企业设计内部交易结算系统，使企业统筹安排下属各排放企业的排放、交易、结算等，争取集团整体利益最大化。

4. 碳交易服务

企业参与碳交易体系一般有两种情况——强制减排交易和自愿减排交易。强制减排交易是指受到排放总量控制，国家或者企业提供碳交易平台以满足减排目标的交易，分为基于配额的交易（交易由管理者制定、分配或拍卖的减排配额）和基于项目的交易（买主向可证实减低温室气体排放的项目购买减排额）。自愿减排交易是以企业社会责任、品牌建设、社会效益等目的自愿进行的碳交易。

碳咨询机构提供碳交易服务可帮助企业盘查温室气体排放量并提交温室气体排放报告，并通过第三方核查。第三方机构为参与碳交易体系的企业提供相关的咨询业务，帮助企业计算并提交准确的碳排放数据，为企业获取配额和参与交易建立基础。对于新建或改造项目的碳排放增/减量进行评估以出具碳减排潜力方案分析报告，也可将基于项目的减排量开发为可交易的碳资产，并提供交易方案。

对于碳资产开发、碳资产管理、碳交易服务这几项咨询业务，国内许多碳咨询机构都提供多项业务服务。国内碳咨询机构目前正处于一个较快发展阶段，且数目较多，在此不一一列举。

10.4 其　　他

碳金融中的第三方机构还包含碳信用评级机构、培训机构等。这些机构的成立与发展对碳市场的建立与完善提供了有力保障。

1. 碳信用评级机构

碳信用评级机构（Carbon Ratings Agency）是指帮助把碳标准化为一件商品，并创立一个关于碳抵消或碳信用的新的资产类别，以使投资者能够在全球范围内使用相同的标准来评估经过碳信用评级的机构，并选择能够达到开发者碳信用评级要求的机构。同时，碳评级机构将基于对每个项目的分析以及对该项目是否能够达到在特定时期削减特定数量排放量的承诺进行评估，为每个碳抵消项目的资产进行评级。类似于信贷评级机构，碳评级机构也将为高质量、低风险的项目提供 AAA 的评级，对高风险的项目提供 C～D 的评级。

碳信用评级机构对 CDM 项目进行评估，一方面有利于碳投资者了解和识别项目的价格和供应风险；另一方面，获得了优质资信等级的项目可以获得更便利的融资渠道。

2008 年 6 月 IDEA carbon 成立首个提供碳信用评级服务的独立碳信用评级机构，该机构将为碳抵消项目提供详细的碳信用评级。

在碳金融这块新领域，国际大型评级机构都开始介入碳信用评级。由于信用评级机构能够参与到企业的项目开发中，可以接触到敏感性行业，获取碳排放和碳资产管理信息，关系到国家的金融安全，因此，中国应抓紧培养本土的信用评级市场、加强中国碳信用评级市场监管，建立独立自主的碳信用评级体系，争取国际碳评级话语权。

2. 培训机构

随着中国"十二五"低碳发展各项目标的落实和国内碳市场的逐步建立，对相关人员专业化的要求越来越高。许多碳咨询公司、碳资产公司甚至碳排放权交易所等机构都可为各企业提供碳交易管理、碳盘查、碳审计等专业知识的培训，为企业培养具备低碳战略思维及管理能力的人才。

10.5 小　结

第三方机构是中国建设碳交易市场的重要组成部分。第三方机构独立于金融机构、控排企业与政府，在碳金融体系中起到核证、咨询、评级、方法学开发等服务作用，第三方机构主要包括第三方核证机构、方法学研究机构、第三方咨询机构、碳信用评级机构等。

虽然随着 2013 年七个碳交易试点建设的推动第三方机构有了突破性发展，但总体而言国内现有的第三方认证机构仍难以满足中国未来碳交易市场发展的要求。对第三方核证机构，中国获得 EB 授权针对 CDM 项目的 DOE 数量少、市场份额小、涉及技术领域有限，针对自愿减排项目的审定和核证的第三方机构仅有三家，针对配额市场的国内碳交易第三方核查机构借助碳交易试点正快速发展；对方法学开发机构，虽然目前中国在用方法学大多源于国外，适合中国国情的方法学需求量大，本土方法学研发机构发展迅速；对碳咨询、管理与服务等机构，目前数量不足、业务层次较低、缺乏专业性，机构能力建设亟待加强。

Conclusion

Third party institutions are an important constituent of China's establishment of a carbon emissions trading market. They are independent from financial institutions, emission control enterprises and the government. They play the role of certification, consulting, rating, methodologies development and other services. Third party institutions mainly include third party certification institutions, methodologies research institutions, third party consulting agencies, and carbon rating agencies etc.

Being motivated by the establishment of 7 carbon emissions pilots in 2013, third party institutions have made breakthroughs. However, current domestic third party certification institutions are difficult to satisfy the requirements for the development of China's carbon emissions trading market in future. For third party certification institutions, China's DOE targeting against CDM projects authorized by EB has a limited number, small market scale and limited revolved technological field. There are only three third party institutions targeting against validation and verification of voluntary emissions reduction projects. Domestic third party verification institutions targeting against allowances market are rapidly developing relying on carbon emissions pilots. In terms of methodologies development institutions, though most of the methodologies currently adopted originated abroad, there is a great demand for methodologies fitting into China's national conditions. Domestic institutions for methodologies research and development are rapidly developing. In the aspect of carbon consulting, management and service institutions, current number is not adequate, their business level is relatively low and lack profession, and their capacity needs to be built.

第11章 总结与建议

减少温室气体排放、应对气候变化目前已经成为了全人类的共同挑战。中国作为一个负责任的发展中国家，基于国际气候变化谈判与国内经济发展方式转变的双重压力，正积极寻求一条低碳发展的道路。《国民经济和社会发展十二五规划纲要（2011—2015年）》将二氧化碳排放强度（即单位国内生产总值的二氧化碳排放）列入了中国经济社会未来发展的约束性指标之一，并对各级地方进行层层分解与考核。可以说，当前中国正经历着一场低碳发展的热潮，正是在这股热潮的推动下，中国低碳金融破土而出，呈破竹之势。

在低碳投资方面，世行等国际金融机构、国家政策性银行和基金、国内商业银行、社会性基金、私募风投以及低碳产业的上市公司等组成了一个多层面、多渠道的低碳投融资体系，已初具规模。在碳金融方面，随着七个试点省市的碳交易平台相继开放，国内碳金融市场也正逐步建立。

国际多边和双边金融机构是国际资金向中国转移的重要渠道。多边合作中，目前世界银行与中国气候变化项目共有82个，国际金融公司投资2.25亿美元用于中国节能减排融资项目，亚洲开发银行2013年批准的项目总金额8.47亿美元，2012年后与中国正进行的气候变化项目总金额超过40亿美元；双边合作中，法国开发署、德国复兴信贷银行、日本国际协力机构等向中国提供的资金和技术援助起到了很好的补充作用。总体上，国际金融机构2013年向中国低碳领域投资共计超过15亿美元。

国家政策性银行和政策性基金是中国金融政策风向标。截至2012年年末，国家开发银行等三家政策性银行累计节能减排与低碳相关贷款达9000亿元，业务范围涉及绿色信贷管理、可持续能源和新能源项目、节能减排、农村经济节能绿色环保项目和低碳金融创新。此外，作为政策性碳基金的代表，截至2012年，CDM基金累计收入了1860笔国家收入款项，折合人民币121.5亿元，撬动社会资金247.16亿元，并通过开展金融创新和国际合作，积极探索支持节能减排的创新融资模式，扩大了政策性碳金融的实施效果和影响范围。

商业银行体系作为社会信用体系的中枢，在低碳投资领域发挥着重要的作用。目前国内商业银行碳金融业务以绿色信贷为主，以中间业务为辅。18家主要商业银行绿色信贷余额1 6763.8亿元，占总资产的1.81%，其中兴业银行占比最高，高达3.46%。这18家商业银行的总资产占全部商业银行总资产的90%以上，据此估计2013年国内商业银行绿色信贷余额超过1.8万亿元。

社会性基金和私募风投在低碳产业投资中的作用不可忽视。社会性基金方面，2013年4家全国性公募基金会总资产达5.43亿元，累计公益支出11.81亿元；将低碳列入主要资金用途的20家地方公募性基金2012年总捐赠收入4923万元，公益总支出为2818万元，占总捐赠收入的57.26%。私募风投方面，2013年全年低碳行业投资披露案例27起，融资总额为35.42亿元人民币，较2012年的投资规模有所回暖，投资主要集中在节能技术、节能服务、太阳能等领域。

此外，随着证券市场的发展，上市公司已经成为中国经济重要的组成部分，上市公司投资也是低碳产业投资重要的资金渠道。2013年，在涉及低碳领域的429国内上市公司中，有237家有募集资金投入，总投资金额达到490亿元，主要投资在五个方面。其中，新能源发电投资181亿元、新能源汽车44亿元、新能源设备与技术64亿元，节能设备与技术方面的投资达到108亿元，其他类别的投资金额为93亿元。

总体而言，2013年中国低碳产业投资5064.42亿元(未计入私人投资和企业自有资金投资)。其中，政策性银行和基金投资占总投资额的37.01%；商业银行投资占36.79%，国家和地方政府投资补贴占13.82%，上市公司和国际金融机构的投资额分别占总额的9.68%和1.78%，私募风险投资仅占0.70%，社会性基金投资占0.24%。如果加上企业自有资金投资，总投资会达到7200亿元。据相关研究，在控制增温2摄氏度情景下(即2020年达到排放峰值)，中国2020年度气候融资需求为2.75万亿元。巨大的资金缺口，给中国的低碳发展提出了严峻挑战，同时，也给低碳金融的成长提供了机遇。

对新兴碳金融市场，2013年深圳、北京、上海等七省市碳交易相继开启，各个碳交易试点地区市场价格、成交量、交易活跃程度存在显著差异。目前，深圳碳市场价格最高，在60～90元/吨之间波动；广东位列其后，约60元/吨；北京排名第三，每吨碳价约50元；上海、天津、湖北碳价较低，位于20～40元/吨。为中国碳排放交易试点总体价格走势，北京大学环境与能源学院低碳金融研究中心基于各试点签发的年度可流通配额总量对试点市场价格进行加权，再考虑市场流动性对碳配额预期价值影响的基础上，提出了中国配额碳市场北大综合价格（ACP-PKU，Carbon Price PKU）。目前该综合价格均低于欧盟 EUA 收盘价和美国加州价格。

在各试点省市碳交易所成立后，CCER 交易于 2014 年正式开展，并迅速成为投资者追捧的热点。截止 2014 年 5 月 25 日，在中国发改委获得备案的 CCER 仅有两个，均为风电项目，核证减排量低于申报，削减幅度接近 30%；在中国自愿减排交易信息平台公示的审定项目共计 184 个，其中 172 已经审定，12 个项目正在公示。而在同年 3 月 12 日，公示的审定项目仅为 85 个，两个月间申请项目翻了一番。

然而，目前不论是已初具规模的低碳投融资市场还是新兴碳金融市场，都面临着诸多问题。要建立健全中国低碳金融体系，为低碳发展之路保驾护航，中国仍需要在法律保障、政策制度、金融创新等方面有所突破。

在低碳投融资方面，目前国际资金投资规模较小，很多国际多边、双边金融机构跟中国还没有开展合作，融资潜力巨大；政策性银行和基金虽然投资规模不小，但投资渠道单一，缺乏合作机制；商业银行碳金融业务的发展较为被动，产品缺少创新，涉及碳金融业务主要集中在减排贷款方面，仅有少数银行拓展了 CDM 咨询中介及相关服务、碳金融理财产品经营；社会性基金存在融资困难，资金使用透明度有待提高等问题，在低碳领域投资规模小。此外，由于 2013 年 IPO 退出受阻，低碳产业股票市场低迷，对低碳领域的投资规模产生了不利影响。

为填补中国低碳融资缺口，本报告提出的关键政策建议如下：第一，进一步完善从国家到地方的低碳投融资体系，设计公共资金合作机制，对接国际公共资金，拓宽融资渠道；第二，最大化地发挥政策性基金的优势，打开更市场化的运作方式和更广阔的投资空间，积极探索支持节能减排的创新融资模式；第三，提高商业银行绿色信贷比例，鼓励商业银行研究和开发碳交易、碳证券等金融产品；第四，出台鼓励社会性资金政策，拓宽社会性基金使用范围。

在新兴碳金融市场方面，由于目前试点城市配额交易市场分散，碳资产概念尚未被企业普遍接受，企业对碳交易活动的参与度不高，各交易市场成交量较少，交易市场流通性差，严重影响了碳配额资产的预期价值。因此，需要尽快建立统一的全国性碳市场，提高市场活跃度。另外，要强化碳市场的价格激励作用，设计 PPP 机制来撬动私人资本的介入，拓宽金融机构的参与途径，大力发展碳金融业务，完善碳金融产品的定价避险机制，加快推动碳债券、碳期货等碳金融衍生品的开发。

Chapter XI Conclusion and Recommendations

It has become a common challenge for mankind to reduce greenhouse gases and to address climate change. China, as a responsible developing country, is actively seeking a low-carbon development path under the dual pressure of international climate change negotiation and transformation of domestic economic development mode. *Outlines for The Twelfth Five-Year Plan for the Development of National Economy and Society* (2011—2015) listed carbon emissions intensity (i. e., carbon dioxide emissions from per unit GDP) as one of the restrictive indicators for future development of China's economy and society, and decomposed and evaluated the targets to levels of local governments. It can be said that China is currently experiencing a boom of low-carbon development and it is just motivated by this boom that China's low-carbon finance emerges and has a trend like the splitting of the bamboo.

In the aspect of low-carbon investment, international financial institutions such as the World Bank, national policy banks and funds, domestic commercial banks, social funds, private equity and venture capital as well as listed companies in low-carbon industries etc. have formed a low-carbon investment and financing system with multiple layers and multiple channels and the system has begun to take shape. In terms of carbon finance, with the successive launching of carbon emissions trading platforms in 7 pilot provinces and cities, domestic carbon finance market is gradually being established.

International multilateral and bilateral financial institutions are an important channel for international capital to flow into China. For multilateral cooperation, currently there are 82 climate change projects between the World Bank and China; IFC invests 0. 225 billion USD on CHUEE; the total sum for projects approved by the Asian Development

Bank in 2013 was 0.847 billion USD; total sum for climate change projects that have been carried out in China since 2012 exceeds 4,0 billion USD. For bilateral cooperation, AFD, KFW and JICA and other institutions well supplemented capital and technical support for China. Generally speaking, investment on China's low-carbon field in 2013 by international financial institutions exceeded 1.5 billion USD.

National policy banks and policy funds are a wind vane for China's financial policies. Till the end of 2012, three policy banks including the National Development Bank had an accumulative loans of 900.0 billion Yuan relevant to energy saving emissions reduction and low-carbon. Their business range involves green credit management, sustainable energy and new energy projects, energy saving emissions reduction, economic, energy saving and environmental protection projects in rural areas, and low-carbon financial innovation. In addition, as a representative of policy carbon fund, till 2012, CDM fund had an accumulative income of 1860 national grants, which equaled 12.15 billion Yuan RMB and leveraged social capital of 24.716 billion Yuan. Through carrying out financial innovation and international cooperation, they have actively explored innovative financing pattern which supports energy saving emissions reduction and have expanded the implementation effect and influencing range of policy carbon finance.

The system of commercial banks, as core of social credit system, plays a significant role in the field of low-carbon investment. Currently, carbon finance business in domestic commercial banks is dominated by green credit and supplemented by intermediate business. 18 major commercial banks have a green credit balance of 1676.38 billion Yuan, which is 1.81% of total assets. Industrial Bank has the highest proportion of 3.46%. The total assets of the 18 commercial banks are over 90% of the assets of all commercial banks. It can be estimated that green credit balance of domestic commercial banks in 2013 exceeded 1800.0 billion Yuan.

Investment on low-carbon industries by social funds, private equity and venture capital cannot be ignored. In terms of social funds, in 2013, 4 national public funds had a total assets of 0.543 billion Yuan and an accumulative welfare expenditure of 1.181 billion Yuan; in 2012, 20 local public funds that have listed low-carbon as main fund use had a total donation income of 49.23 million Yuan and public welfare expenditure of 28.18 million Yuan which is 57.26% of total donation income. For private equity and venture capital, in 2013, there were 27 disclosed cases of investment on low-carbon industries with a total financing sum of 3.542 billion Yuan RMB, which rebounded a little compared with investment scale in 2012, and the investment mainly concentrated in energy saving technologies, energy saving services, solar energy and other fields.

In addition, with the development of securities market, listed companies have become an essential constituent of China's economy and investment by listed firms is also an important capital channel for low-carbon industries. In 2013, among 429 domestic listed companies revolving low-carbon field, 237 has raised fund investment with a total investment capital of 49.0 billion Yuan that mainly focused on 5 aspects, where 18.1 billion Yuan were invested on new energy power generation equipment, 4.4 billion Yuan on new energy vehicles, 6.4 billion Yuan on new energy equipment and technologies, 10.8 billion Yuan on energy saving equipment and technologies, and 9.3 billion Yuan were invested on other types of investment.

In general, in 2013, investment on China's low-carbon industries was 506.442 billion Yuan (private investment and investment of enterprises' own capital not included), where investment by policy banks and policy funds was 37.01% of total sum of investment, investment by commercial banks was 36.79%, national and local investment subsidies was 13.82%, investment by listed firms and international financial institutions was respectively 9.68% and 1.78%, investment by private equity and venture capital was only 0.70%, and investment by social funds was 0.24%. If enterprises' own capital investment was added, total investment would be 720.0 billion Yuan. According to relevant researches, under the condition of controlling temperature within 2 degree ℃ (i.e., reaching peak value in 2020), China's climate financing demand in 2020 will be 2750.0 billion Yuan. Tremendous shortage of capital brings a tough challenge for China's low-carbon development and provides an opportunity for low finance to develop at the same time.

For newly emergent carbon finance market, in 2013, seven provinces and cities including Shenzhen, Beijing, Shanghai successively launched their carbon emissions trading and carbon emissions trading pilots significantly different in terms of market price, trading volume and trading activeness. At present, Shenzhen carbon market has the highest price which fluctuates between 60～90 Yuan/ton; Guangdong Province follows with a price around 60 Yuan/ton; Beijing ranks third with carbon price about 50 Yuan/ton; carbon prices in Shanghai, Tianjin and Hubei Province are relatively low which are between 20～40 Yuan/ton. To predict the overall price trend of China's carbon emissions trading price, low-carbon finance Research Center of the Environment and Energy School, Peking University bases on annual negotiable allowance cap issued by each pilot and weights prices of pilot markets. Then based on the influence of market fluidity on predicted value of carbon allowances, the Center puts up with China's Allowances Carbon Price—ACP-PKU, Carbon Price PKU. At present, the comprehensive price is lower than closing price of EUA and California's price.

Since the establishment of carbon emissions exchanges in pilot provinces and cities, CCER trading was officially carried out in 2014 and quickly became a hot pursuit for investors. Till May 25, 2014, there were only two CCERs recorded at the National Development and Reform Commission and both were wind power projects. CER amount was lower than declaration with a cut of near 30%. There were 184 validated projects being publicly notified at the information platform of CCER, where 172 had been validated and 12 were being publicly notified. Whereas on March 12 in the same year, there were only 85 validated projects being publicly notified. Application projects doubled within two months.

However, currently both low-carbon investment and financing markets that have begun to take shape and newly emergent carbon finance market are facing many problems. In order to establish and complete China's low-carbon finance system and escort low-carbon development path, China still needs to make breakthroughs in legal protection, policies and systems, financial innovations and other aspects.

In the aspect of low-carbon investment and financing, currently scale of investment by international capital is limited and many international multilateral and bilateral financial institutions have not cooperated with China and they have great potential for financing; although the investment scale of policy banks and funds is not small, their investment channel is singular and lacks cooperation mechanism; finance business in commercial banks develops passively and their products lack innovation. Business involving carbon finance mainly centers around loans for emissions reduction. , only a few number of banks expand relevant services such as CDM consulting intermediate and operate carbon finance management products. Social funds have difficulties in financing and transparency for fund use needs to be strengthened. Their investment scale on low-carbon is limited. In addition, in 2013, because of blocking of IPO withdrawal, stock market of low-carbon industries were in doldrums, negatively affecting the investment scale on low-carbon.

In order to cover up China's shortage of low-carbon financing, critical policy recommendations suggested by the reports are as follows: firstly, it is to further complete low-carbon investment and financing system from national to local level, to design public capital cooperation mechanism, butting international public capital and to expand financing channels; secondly, it is to maximize the advantages of policy funds, to open up more market-oriented operations, to create more expansive investment room, and to actively explore innovative financing pattern supporting energy saving emissions reduction; thirdly, it is to increase the proportion of green credits in commercial banks, and to encourage commercial banks to research and develop carbon emissions trading, carbon securities and other financial products; fourthly, it is to release policies on social funds and broaden the use range of social funds.

Concerning newly emergent carbon finance market, because currently allowances trading markets in pilot cities are scattered, the concept of carbon assets have not been accepted by enterprises, enterprises' participation in carbon emissions trading is not active enough, trading volume in each trading market is small, and trading markets have poor fluidity, the predicted value of carbon allowance assets is severely affected. Therefore, it is necessary to establish a nationwide carbon market and to improve market activeness. In addition, it is necessary to strengthen the role of carbon market in price stimulation, design PPP mechanism to leverage the participation of private capital, widen the participation path of financial institutions, forcefully develop carbon finance business, complete pricing and risk evading mechanism for carbon finance products, and to accelerate the development of carbon bonds, carbon futures and other financial derivatives.

附录

附录Ⅰ　中国分部门碳排放量估算模型

IPCC 指南(IPCC,2006)提出了一种可以体现中国各部门特点的排放系数估算化石燃料燃烧碳排放的方法。各生产部门燃料碳排放 $B_{ind,fuel}$ 通过(式 1)估算,各类最终需求燃料碳排放 $B_{res,fuel}$ 通过(式 2)估算。

$$B_{ind,fuel} = C_{ind} \circ (HZ_{ind}) \quad \text{(式 1)}$$

$$B_{res,fuel} = C_{res} \circ (HZ_{res}) \quad \text{(式 2)}$$

其中,$s \times n$ 矩阵 Z_{ind} 为各生产部门直接消耗的各类化石燃料的实物量(s 为化石燃料的类型数[①]),$s \times m$ 矩阵 Z_{res} 为各类最终需求直接消耗的各类化石燃料的实物量,$s \times s$ 矩阵 H 是 $1 \times s$ 向量 $\boldsymbol{H}$ 的对角矩阵,其元素为各类化石燃料的热值(平均低位发热量),C_{ind} 和 C_{res} 的说明见附表 1。运算符"∘"为分素乘积,表示两个相同维度的矩阵对应元素相乘。

生产部门直接燃料消耗结构矩阵 E_{ind} 通过(式 3)计算,生产部门单位产值直接能耗向量 Q_{ind} 通过(式 4)计算。最终需求直接燃料消耗结构矩阵 E_{res} 通过(式 5)计算[②],单位最终需求直接能耗向量 Q_{res} 通过(式 6)计算。

$$E_{ind} = (HZ_{ind})\bar{\beta}HZ_{ind}^{-1} \quad \text{(式 3)}$$

$$Q_{ind} = (\beta HZ_{ind})X^{-1} \quad \text{(式 4)}$$

$$E_{res} = (HZ_{res})\bar{\beta}HZ_{res} \quad \text{(式 5)}$$

$$Q_{res} = (\beta HZ_{res})Y_{res}^{-1} \quad \text{(式 6)}$$

其中,β、X 及 Y_{res} 的说明见附表 1,其他变量同(式 1)和(式 2)。

各部门工业生产过程的直接碳排放 $B_{process}$ 通过(式 7)估算。

---

① 在本研究中 $s=17$,化石燃料的类型有:原煤、洗精煤、其他洗煤、型煤、焦炭、焦炉煤气、其他煤气、其他焦化产品、原油、汽油、煤油、柴油、燃料油、液化石油气、炼厂干气、其他石油制品和天然气。

② (式 5)中 Z_{res} 的元素存在零值,无法取倒数。为解决该问题,在实际计算时可将零值替换为绝对值很小的数字,比如 10^{-12}。

$$B_{process} = O \circ P \quad \text{（式 7）}$$

其中，$1 \times n$ 向量 $\boldsymbol{P}$ 为各工业产品的产量，$1 \times n$ 向量 $\boldsymbol{O}$ 为各部门的工业生产过程碳排放系数（不包括化石燃料燃烧产生的碳排放）。

各部门工业生产过程的单位产值直接碳排放向量 $\boldsymbol{U}$ 通过（式 8）计算。

$$U = (O \circ P) X^{-1} \quad \text{（式 8）}$$

F_{ind}、F_{res}、R_{ind} 及 R_{res} 的值可根据附表 1 的相关公式进行计算。

附表 1　变量说明

符号	维度	名　称	说　明
X	$n \times 1$	总产出向量	第 i 个元素表示部门 i 的总产出
A_d	$n \times n$	国内产品直接消耗系数矩阵	矩阵的第 j 列表示部门 j 生产一单位产品对国内各部门产品的直接消耗量
A_{im}	$n \times n$	进口产品直接消耗系数矩阵	矩阵的第 j 列表示部门 j 生产一单位产品对各类进口产品的直接消耗量
A_v	$1 \times n$	增加值率向量	第 j 个元素表示部门 j 单位产出所获得的增加值
Y_d	$n \times m$	国内产品最终需求矩阵	矩阵的第 d 列表示最终需求类型 d 对国内各部门产品的需求量
Y_{im}	$n \times m$	进口产品最终需求矩阵	矩阵的第 d 列表示最终需求类型 d 对各类进口产品的需求量
Y_{res}	$1 \times m$	各类最终需求总量向量	第 d 个元素表示居民 d 对各部门产品的需求总量，有 $Y_{res} = \gamma^T Y_{d+} \gamma^T Y_{im}$
W	$n \times 1$	进口向量	第 i 个元素表示产品 i 的进口量
F_{ind}	$s \times n$	各燃料单位产值直接碳排放矩阵	元素 $f_{ind,kj}$ 表示部门 j 生产一单位产品时因消耗化石燃料 k 而直接排放的二氧化碳
F_{res}	$s \times m$	各燃料单位最终需求直接碳排放矩阵	元素 $f_{res,kd}$ 表示产生一单位最终需求 d 时因消耗化石燃料 k 而直接排放的二氧化碳
E_{ind}	$s \times n$	各生产部门直接燃料消耗结构矩阵	矩阵的第 j 列表示部门 j 生产一单位产品时直接消耗的化石燃料的结构，有 $\sum_{k=1}^{s} e_{ind,kj} = 1$
E_{res}	$s \times m$	各类最终需求直接燃料消耗结构矩阵	矩阵的第 d 列表示产生一单位最终需求 d 时直接消耗的化石燃料的结构，有 $\sum_{k=1}^{s} e_{ind,kd} = 1$
Q_{ind}	$1 \times n$	各生产部门单位产值直接能耗向量	第 j 个元素表示部门 j 生产一单位产品时直接消耗的化石燃料总量
Q_{res}	$1 \times m$	单位最终需求直接能耗向量	第 d 个元素表示产生一单位最终需求 d 时直接消耗的化石燃料总量
C_{ind}	$s \times n$	各生产部门燃料的碳排放系数矩阵	元素 $c_{ind,kj}$ 表示生产部门 j 所用化石燃料 k 的二氧化碳排放系数

续表

符号	维度	名　称	说　明
C_{res}	$s\times m$	各类最终需求燃料的碳排放系数矩阵	元素 $c_{res,kd}$ 表示最终需求 d 所用化石燃料 k 的二氧化碳排放系数
U	$1\times n$	各部门工业生产过程的单位产值直接碳排放向量	第 j 个元素表示部门 j 生产一单位产品时从工业生产过程中直接排放的二氧化碳
R_{ind}	$1\times n$	各生产部门单位产值直接碳排放向量	第 j 个元素表示部门 j 生产一单位产品时直接排放的二氧化碳总量，有 $R_{ind}=\beta F_{ind}+U$
R_{res}	$1\times m$	单位最终需求直接碳排放向量	第 d 个元素表示产生一单位最终需求 d 时直接排放的二氧化碳总量，有 $R_{res}=\beta F_{res}$
$B_{ind,fuel}$	$s\times n$	各生产部门燃料碳排放矩阵	元素 $b_{ind,fuel,kj}$ 表示生产部门 j 所用化石燃料 k 的直接碳排放
$B_{res,fuel}$	$s\times m$	各类最终需求燃料碳排放矩阵	元素 $b_{res,fuel,kd}$ 表示最终需求 d 所用化石燃料 k 的直接碳排放
$B_{process}$	$1\times n$	各部门工业生产过程直接碳排放向量	第 j 个元素表示部门 j 在工业生产过程中直接排放的二氧化碳
B_{ind}	$1\times n$	生产性碳排放向量	第 j 个元素表示生产部门 j 直接排放的二氧化碳
B_{res}	$1\times m$	消费性碳排放向量	第 d 个元素表示最终需求 d 直接排放的二氧化碳
b_{ind}	1×1	生产性碳排放总量	$b_{ind}=B_{ind}\gamma$
b_{res}	1×1	消费性碳排放总量	$b_{res}=B_{res}\alpha$
b	1×1	碳排放总量	全年碳排放总量，包括生产性碳排放和消费性碳排放，有 $b=b_{ind}+b_{res}$
b_{gdp}	1×1	单位国内生产总值碳排放	为获得一单位国内生产总值所排放的二氧化碳

附录Ⅱ　2020 年碳排放量预测模型

Ⅱ.1　碳排放投入产出模型

1. 理论模型

本文建立的非竞争进口型碳排放投入产出模型见附表 2，变量说明见附表 1。

附表 2　中国碳排放投入产出模型结构

		中间需求	最终需求	总进口	总产出
		1，2，…，n	1，2，…，m		
国内产品中间投入	1 2 ⋮ n	$A_s X$	Y_d		X
进口	1 2 ⋮ n	$A_{im} X$	Y_{im}	W	
最初投入		$A_v X$			
总投入		X^T			
化石燃料消耗碳排放*	1 2 ⋮ S	$B_{ind,fuel}=F_{ind}X$ $=[C_{ind}\circ(E_{ind}Q_{ind})]X$	$B_{ind,fuel}=F_{ind}Y$ $=[C_{ind}\circ(E_{ind}Q_{ind})]Y$		
工业生产过程碳排放		$B_{process}=UX$			
各部门碳排放总量					

注：s 为化石燃料的类型数，在本研究中 $s=17$，具体的燃料类型见脚注 9；n 为投入产出表中的部门数，在本研究中 $n=33$，具体的部门划分见表 2-1；m 为最终需求的类型数，在本研究中 $m=6$，具体的最终需求类型见下文；上标 T 表示转置矩阵；“ ”表示将向量对角化为矩阵；* 运算符“∘”称为阿达马乘积或分素乘积(entrywise product)，是两个相同维度的矩阵对应元素相乘。

2. 可比价非竞争进口型投入产出表编制

目前，中国编制了 1987 年、1992 年、1997 年、2002 年和 2007 年五张当年价投入产出基本表①。本文采用基于同一体系的 1992 年、1997 年、2002 年和 2007 年四张表进行计算。为使不同年份的投入产出表具有可比性，必须将当年价表调整为可比价表。各部门的价格指数来自历年《中国统计年鉴》，价格基年为 2000 年。

相关文献基于比例调整法编制非竞争进口型投入产出表，即首先假设中间使用和最终使用各环节中进口产品所占的比例与各部门的平均进口比例相同，然后按比例将进口从中间使用和最终使用中加以分离。这

① 国务院办公厅在 1987 年 3 月下发了《关于进行全国投入产出调查的通知》(国办发[1987]18 号)，要求自 1987 年起每隔 5 年进行一次全国投入产出调查，编制投入产出基本表。

种方法的问题是忽略了不同使用环节在进口产品使用比例上的差异，从而增加结果的不确定性。

为解决上述问题，本书根据国家统计局和日本经济产业省合作编制的2007年中日国际投入产出表（日中国際産業連関表）建立非竞争进口型投入产出表。

首先，将2007年当年价“日中国際産業連関表”调整为2007年当年价中国非竞争进口型投入产出表。其次，基于2007年当年价非竞争型表的进口比例矩阵建立1992年、1997年、2002年和2007年的可比价非竞争进口型投入产出表。

Ⅱ.2　历史碳排放增长的驱动因素分析

1. 结构分解分析的理论模型

若将国内产品最终需求矩阵 Y_{d} 以（式9）表示，Leontief 逆矩阵 $(I-A_{\mathrm{d}})^{-1}$ 以 L_{d} 表示，则生产性碳排放量 b_{ind} 可表示为（式10）。

$$Y_{\mathrm{d}} = Y_{\mathrm{str}} Y_{\mathrm{cat}} y_{\mathrm{vol}} \quad \text{（式 9）}$$

$$b_{\mathrm{ind}} = R_{\mathrm{ind}} (I - A_d)^{-1} Y_d \alpha = R_{\mathrm{ind}} L_{\mathrm{d}} Y_{\mathrm{str}} Y_{\mathrm{cat\,vol}} \quad \text{（式 10）}$$

$$Y_{\mathrm{str}} = Y_{\mathrm{d}} Y_{\mathrm{d,sum}}^{-1} \quad \text{（式 11）}$$

$$Y_{\mathrm{cat}} = y_{\mathrm{vol}}^{-1} Y_{\mathrm{d,sum}}^{\mathrm{T}} \quad \text{（式 12）}$$

$$y_{\mathrm{vol}} = Y_{\mathrm{d,sum}} \alpha \quad \text{（式 13）}$$

$$Y_{\mathrm{d,sum}} = \gamma^{\mathrm{T}} Y_{\mathrm{d}} \quad \text{（式 14）}$$

其中，$n \times m$ 矩阵 Y_{str} 为最终需求的部门结构[通过（式11）计算]，$m \times 1$ 向量 Y_{cat} 为最终需求的类型结构[通过（式12）计算]，y_{vol} 为最终需求规模[通过（式13）计算]，$1 \times n$ 向量 R_{ind} 为各生产部门单位产值直接碳排放，$1 \times m$ 向量 $Y_{\mathrm{d,sum}}$ 为各类最终需求对国内产品的需求总量[通过（式14）计算]，α 是元素均为1的 $m \times 1$ 加和向量，γ 是元素均为1的 $n \times 1$ 加和向量。

若某一时间段 Δt 极小，则该时段内生产性碳排放的变化量 Δb_{ind} 可表示为（式15）（Peters et al., 2007; Baiocchi et al., 2010）：

$$\Delta b_{\mathrm{ind}} = \Delta R_{\mathrm{ind}} L_{\mathrm{d}} Y_{\mathrm{str}} Y_{\mathrm{cat}} y_{\mathrm{vol}} + R_{\mathrm{ind}} \Delta L_{\mathrm{d}} Y_{\mathrm{str}} Y_{\mathrm{cat}} y_{\mathrm{vol}} + R_{\mathrm{ind}} L_{\mathrm{d}} \Delta Y_{\mathrm{str}} Y_{\mathrm{cat}} y_{\mathrm{vol}} + R_{\mathrm{ind}} L_{\mathrm{d}} Y_{\mathrm{str}} \Delta Y_{\mathrm{cat}} y_{\mathrm{vol}} + R_{\mathrm{ind}} L_{\mathrm{d}} Y_{\mathrm{str}} \Delta Y_{\mathrm{cat}} y_{\mathrm{vol}} \quad \text{（式 15）}$$

不过，实际应用中时间段 Δt 一般在一年以上，不符合“Δt 极小”的假设，因此（式15）存在多种分解形式，只是分解过程需要考虑余项。将各因素的影响分解到各部门的方法与上述方法类似。

2. 各驱动因素对碳排放增长的影响

(1) 各因素的总体影响

由附图1可见,1992—2007年生产性碳排放增加量Δb_{ind}为4364.4 Mt CO_2,年均增长率7.64%,其中2002—2007年的增量占67.00%。最终需求规模的扩大是引起排放增长的主要因素(163.40%,占碳排放增量Δb_{ind}的比重,下同)。十五年间中国的最终需求规模增加了3.4倍,而出口和固定资本形成是最终需求规模扩大的主要原因(刘起运等,2010)。Leontief逆矩阵(投入产出结构)的改变是引起排放增长的次要原因(50.36%),这主要是由于2002—2007年生产结构转向排放强度大的部门[①],而在1992—2002年该因素的影响较小[②]。最终需求部门结构和类型结构的改变也是排放量增加的因素,但与其他因素相比增加量不大(分别为7.78%和11.24%)。单位产值碳排放下降是减缓排放的主要因素(−132.77%),这主要得益于技术进步和生产效率的提高。

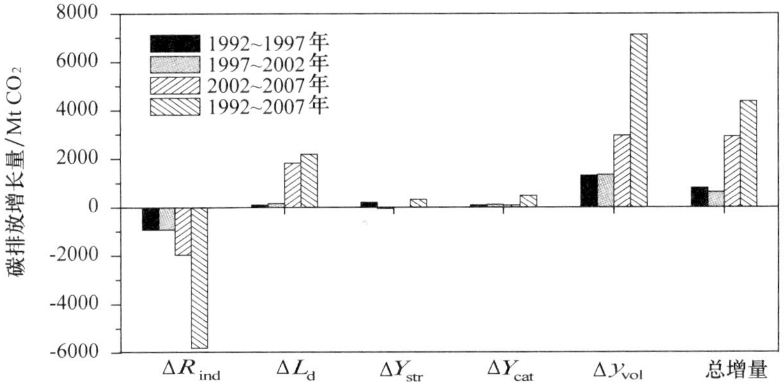

附图1 1992—2007年各因素对中国碳排放变化的贡献量

注:ΔR_{ind}指单位产值碳排放变化对总排放量的影响;ΔL_d指投入产出结构变化的影响;ΔY_{str}指最终需求部门结构变化的影响;ΔY_{cat}指最终需求类型结构变化的影响;Δy_{vol}指最终需求规模变化的影响。

(2) 各要素的分部门影响

我们对各个部门进行分要素的讨论,结果如附图2。

---

① Leontief逆矩阵改变引起的碳排放增量占2002—2007年碳排放总增量的62.58%。

② Leontief逆矩阵改变引起的碳排放增量占1992—2002年碳排放总增量的21.22%。

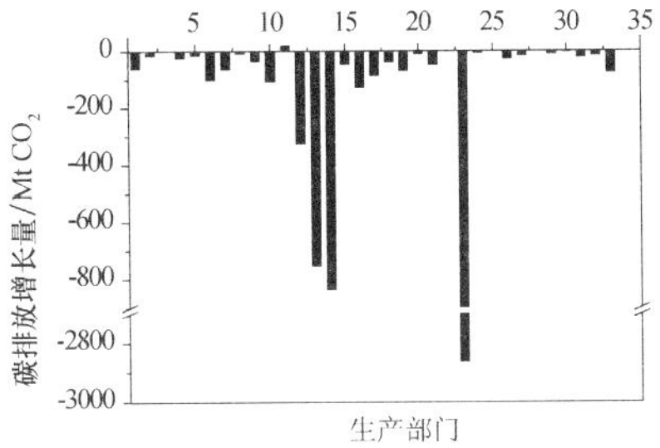

注：部门序号与名称见表 3-13。

A. 单位产值

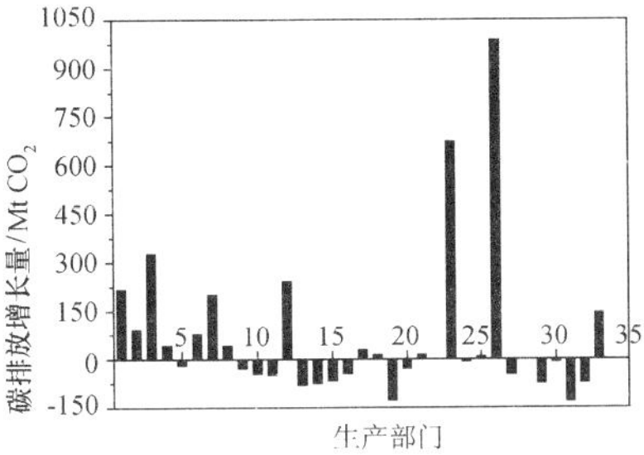

注：部门序号与名称见表 3-13。

B. 直接消耗系数

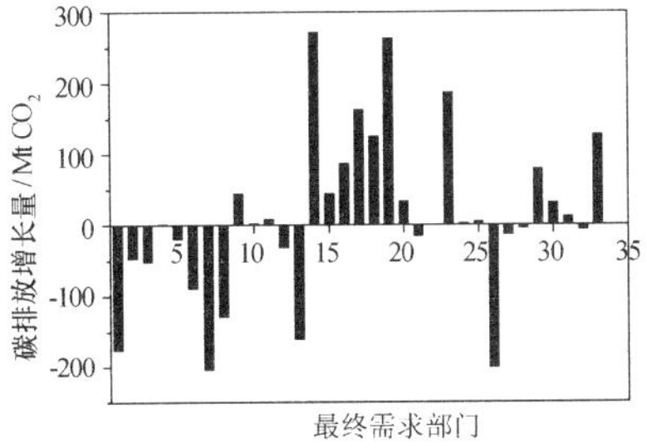

注：部门序号与名称见表 3-13。

C. 最终需求部门结构

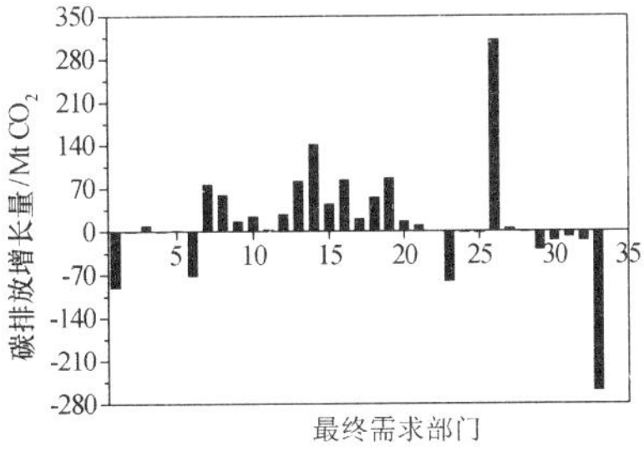

注：部门序号与名称见表 3-13。

D. 最终需求类型结构

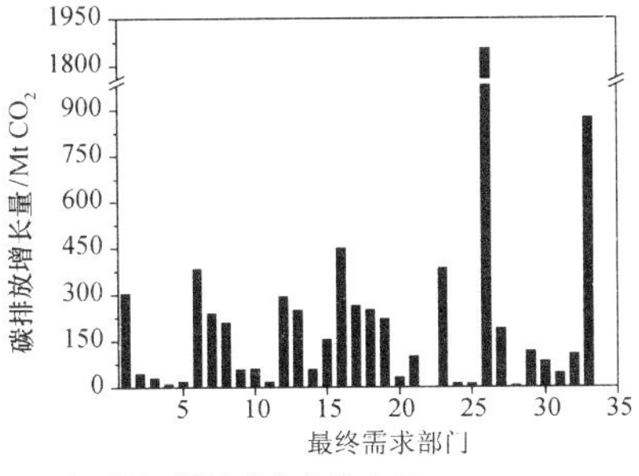

注：部门序号与名称见表 3-13。

E. 最终需求规模

附图 2　1992—2007 年各要素分部门对碳排放变化的影响

Ⅱ.3　2020 年碳排放情景分析

1. 分析方法

从碳排放的影响因素角度考察中国 2020 年的碳排放情景，见(式 16)～(式 19)。分析式中各变量在不同情景下的变化趋势即可估算目标年的碳排放。

$$b_{\text{ind}} = R_{\text{ind}} L_{\text{d}} Y_{\text{str}} Y_{\text{cat}} y_{\text{vol}} \quad \text{(式 16)}$$

$$b_{\text{res}} = R_{\text{res}} Y_{\text{res}}^{\text{T}} \quad \text{(式 17)}$$

$$v = A_{\text{v}} L_{\text{d}} Y_{\text{str}} Y_{\text{cat}} y_{\text{vol}} \quad \text{(式 18)}$$

$$B_{\text{gdp}} = \frac{b}{v} = \frac{b_{\text{ind}} + b_{\text{res}}}{v} \quad \text{(式 19)}$$

其中，b_{ind}为生产性碳排放总量，b_{res}为消费性碳排放总量，b_{gdp}为单位国内生产总值碳排放，b为碳排放总量，v为国内生产总值，R_{ind}为各生产部门单位产值直接碳排放向量，R_{res}为单位最终需求直接碳排放向量，L_{d}为Leontief逆矩阵$(I-A_{\text{d}})^{-1}$，Y_{str}为最终需求的部门结构矩阵，Y_{cat}为最终需求的类型结构向量，y_{vol}为最终需求规模，Y_{res}为各类最终需求总量向量，A_{v}为增加值率向量。关于各变量的详细说明见(式9)～(式14)。

设定一切照常情景(BAU)、低经济增长减排情景(S_{slow})和一般经济增长减排情景(S_{usual})三种碳排放情景。BAU情景指不采取新的减排措施，所有变量按照历史变化趋势演变。低经济增长减排情景指在现有措施的基础上采取新的减排措施，GDP增长率达到十八大报告目标值。一般经济增长减排情景指在现有措施的基础上采取新的减排措施，GDP增长率与BAU情景相同。

2. 各驱动因素的情景参数

(1) 各部门单位产值碳排放

① BAU情景参数

多数部门的单位产值碳排放呈下降趋势。假设2007—2020年各部门的单位产值碳排放变化保持1992—2007年的变化趋势，则2020年的单位产值碳排放可通过(式20)计算。

$$r_{\text{ind},j,2020,\text{BAU}} = (1+\rho_{j,\text{BAU}})^{\Delta t} r_{\text{ind},j,2007} \quad \text{(式 20)}$$

其中，$r_{\text{ind},j,2020}$为2020年部门j的单位产值碳排放，$r_{\text{ind},j,2007}$为2007年部门j的单位产值碳排放，$\rho_{j,\text{BAU}}$为1992—2007年部门j单位产值碳排放的年均变化率；Δt为时间段长度，此处$\Delta t=13$。

② 低经济增长减排情景参数和一般经济增长减排情景参数

从分析可知，电力、热力的生产和供应业(23)、金属冶炼及压延加工业(14)、非金属矿物制品业(13)及化学工业(12)四个部门的单位产值碳排放下降对碳排放变化的影响最大。本书结合《节能中长期专项规划》和国际先进水平对上述部门主要产品的单位产品能耗设定了规划目标。

为将规划目标中基于单位产品能耗情景值计算的年均变化率转换为基于单位产值碳排放的年均变化率，假定对于同一个部门两者的差值不变。根据该假定可建立(式 21)的方程组,其中 $\mu_{\text{val},j,02\text{-}07}$、$\mu_{\text{phy},j,07\text{-}12}$ 及 $\mu_{\text{phy},j,05\text{-}20}$ 已知,$\Delta\mu_j$ 和 $\mu_{\text{val},j,07\text{-}20}$ 待解。

$$\begin{cases}\mu_{\text{val},j,02\text{-}07} = \Delta\mu_j + \mu_{\text{phy},j,07\text{-}12} \\ \mu_{\text{val},j,07\text{-}20} = \Delta\mu_j + \mu_{\text{phy},j,07\text{-}20}\end{cases} \quad (\text{式 } 21)$$

其中,$\mu_{\text{val},j,02-07}$ 为部门 j2002—2007 年单位产值碳排放的年均变化率,$\mu_{\text{phy},j,07-12}$ 为部门 j2007—2012 年单位产品能耗的年均变化率,$\mu_{\text{val},j,07-20}$ 为部门 j2007—2020 年单位产值碳排放的年均变化率,$\mu_{\text{phy},j,07-20}$ 为部门 j2007—2020 年单位产品能耗的年均变化率,$\Delta\mu_j$ 为单位产值碳排放年均变化率与单位产品能耗年均变化率的差。

对于除部门 12、13、14 和 23 之外的其他部门,假定其单位产值碳排放的年均变化率在 BAU 情景的基础上增加 10%,见(式 22)。各部门单位产值碳排放的计算方法与(式 20)类似。

$$\rho_{j,\text{reduction}} = (1 + 0.1) \times \rho_{j,\text{BAU}} \quad (\text{式 } 22)$$

其中 $\rho_{j,\text{reduction}}$ 为减排情景 2007—2020 年部门 j 单位产值碳排放的年均变化率。

(2) 国内产品最终需求规模

根据(式 18)可知,若其他因素的乘积保持 2007 年值不变,则国内产品最终需求规模与 GDP 成正比。因此,可通过(式 23)和(式 24)推算 2020 年两种情景下的国内产品最终需求规模 $y_{\text{vol},2020}$。

$$\tau = \frac{v_{2007}}{y_{\text{vol},2007}} \quad (\text{式 } 23)$$

$$y_{\text{vol},2020} = \frac{v_{2020}}{\tau} \quad (\text{式 } 24)$$

其中,τ 为 GDP 与国内产品最终需求规模的比值,2007 年值为 0.821,为 GDP 的情景值,外生给定。

① BAU 情景参数和一般经济增长减排情景参数

1990—2010 年的四个五年计划时期中国的 GDP 年均增长率保持在 10.0%左右,见附图 3。综合相关研究结果(国家发展和改革委员会能源研究所课题组,2009),预计 2010—2015 年的 GDP 年均增长率为 8.5%,2015—2020 年为 7.5%。2020 年中国 GDP 可能达到 58.0 万亿元(2000 年可比价,下同)。假定(式 18)中其他因素保持 2007 年状态不变,则 BAU 情景和一般经济增长减排情景下国内产品最终需求规模为 70.1 万亿元。

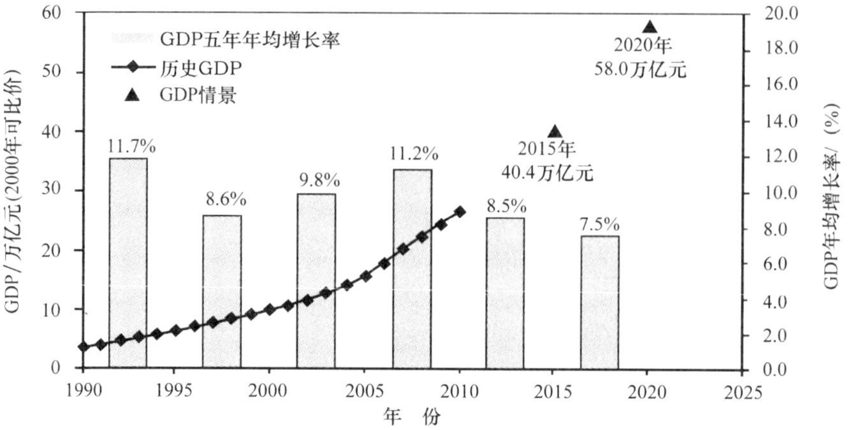

附图 3 中国 GDP 增长的历史趋势及情景值

注：GDP 历史数据根据《中国统计年鉴 2012》(国家统计局，2012)的表 2-3 和表 2-4 计算。

② 低经济增长减排情景参数

十八大报告提出到 2020 年"实现国内生产总值……比 2010 年翻一番"。根据该目标，2010—2020 年中国年均 GDP 增长率约为 7.2%，2020 年 GDP 达到 53.8 万亿元，国内产品最终需求规模达到 64.9 万亿元。

(3) 国内产品最终需求类型结构

由于国内产品最终需求类型结构 Y_{cat} 是通过各类国内产品最终需求总量 $Y_{d,sum}$ 和最终需求规模 y_{vol} 计算的，因此应首先设定 $Y_{d,sum}$ 和 y_{vol} 的情景值。y_{vol} 的情景值已在上节给定，本节针对 $Y_{d,sum}$ 的情景值进行讨论。首先假定各类最终需求总量中国内产品的比重保持现状值不变，其次分析农村居民和城镇居民的最终需求总量，再次探讨其他最终需求类型的需求总量，最后设定 Y_{cat} 的情景值。

① 各类最终需求总量中国内产品的比重

假定 2020 年各类最终需求总量中国内产品的比重 ε 保持 2007 年水平不变。该值通过(式 2)计算，结果见附表 3。

$$\varepsilon_{(d)} = \frac{y_{d(d),sum,2007}}{y_{res(d),2007}} \quad \text{(式 25)}$$

其中，$\varepsilon_{(d)}$ 为最终需求 d 中国内产品的比重，$y_{d(d),sum,2007}$ 为 2007 年最终需求 d 对国内产品的使用量，$y_{res(d),2007}$ 为 2007 年最终需求 d 的总需求量。

附表 3　各类最终需求中国内产品的比重

	农村居民消费	城镇居民消费	政府消费	固定资本形成总额	存货增加	出口
国内产品比重 ε	0.969	0.965	1.000	0.915	0.966	1.000

② 农村居民和城镇居民的最终需求总量情景值

居民消费总量(即居民支出总量)根据居民收入情景值设定。若一切按趋势变化,则 2020 年农村居民和城镇居民的消费总量分别达到30 256 亿元和 179 373 亿元,见附表 4“2020 年 BAU 和 S_{usual} 情景值”列。若居民收入达到十八大报告提出的 2020 年“城乡居民人均收入比 2010 年翻一番”目标,则届时农村居民和城镇居民的消费总量分别达到 31 310 亿元和 173 857 亿元,见附表 4“2020 年 S_{slow} 情景值”列。

附表 4　居民人口、收入及支出的历史趋势及情景值

指　　标	2007 年值	1992—2007 年趋势图	2020 年 BAU 和 S_{usual} 情景值	2020 年 S_{slow} 情景值
农村居民人口/万人	71 496		54 132	54 132
农村居民人均纯收入/(元/人)	3423		8599	8901
农村居民纯收入总量/亿元	24 477		46 548	48 170
农村居民支出总量/亿元	17 877		30 256	31 303
农村居民支出占收入的比重	0.73		0.65	0.65
城镇居民人口/万人	60 633		84 668	84 668
城镇居民人均可支配收入/(元/人)	12 316		32 593	31 590
城镇居民可支配收入总量/亿元	74 676		275 958	267 526
城镇居民支出总量/亿元	53 785		179 373	173 857
城镇居民支出占收入的比重	0.72		0.65	0.65

注:表中“元”为 2000 年可比价。2007 年“农村居民支出总量”取自本文可比价投入产出表“农村居民消费”列,其余指标根据《中国统计年鉴 2012》(国家统计局,2012)表 2-1、表 2-4、表 2-5 和表 10-2 整理。“1992—2007 年趋势图”中从左至右的四个数据点分别为 1992 年、1997 年、2002 年和 2007 年的数据,数据点的高低表示值的大小,不同指标趋势线的高度不可比。2020 年“农村居民人口”和“城镇居民人口”整理自《世界人口前景:2010 修订本》(UN Population Division, 2011)和《世界城市化前景:2011 修订本》(UN Population Division, 2012)。2020 年“农村居民支出占收入的比重”和“城镇居民支出占收入的比重”根据历史趋势设定。BAU 和 S_{usual} 情景中的“农村居民人均纯收入”和“城镇居民人均可支配收入”根据居民人均收入与人均 GDP 间的一阶自回归模型计算。S_{slow} 情景中的“农村居民人均纯收入”和“城镇居民人均可支配收入”根据十八大报告“城乡居民人均收入比 2010 年翻一番”的目标设定。各情景“农村居民纯收入总量”和“城镇居民可支配收入总量”等于人均收入和人口的乘积。各情景“农村居民支出总量”和“城镇居民支出总量”等于居民收入总量和支出所占比重的乘积。

③ 其他最终需求类型的需求总量情景值

其他最终需求类型的需求总量基于历史变化趋势设定，见(式 26)。式中 φ、$y_{res(3),2020}$、$y_{res(4),2020}$、$y_{res(5),2020}$ 及 $y_{res(6),2020}$ 为未知变量，其他变量已知，结果见附表 5。

$$\begin{cases} y_{vol,2020} = \sum_{d=1}^{6} \varepsilon(d) y_{res(d),2020} \\ y_{res(3),2020} = \varphi\omega_{(3)} y_{res(3),2007} \\ y_{res(4),2020} = \varphi\omega_{(4)} y_{res(4),2007} \\ y_{res(5),2020} = \varphi\omega_{(5)} y_{res(5),2007} \\ y_{res(6),2020} = \varphi\omega_{(6)} y_{res(6),2007} \end{cases} \qquad \text{(式 26)}$$

其中，$y_{vol,2020}$ 为国内产品最终需求规模的情景值，取值见上小节；$\omega_{(d)}$ 为最终需求 d 中国内产品的比重，取值见附表 3；$y_{res(1),2020}$ 和 $y_{res(2),2020}$ 分别为农村居民和城镇居民的消费总量情景值，取值见附表 4；$y_{res(3),2007}$、$y_{res(4),2007}$、$y_{res(5),2007}$ 和 $y_{res(6),2007}$ 分别为 2007 年政府消费、固定资本形成总额、存货增加和出口的需求总量，取自本文可比价投入产出表；$\omega_{(3)}$、$\omega_{(4)}$、$\omega_{(5)}$ 和 $\omega_{(6)}$ 分别为上述四类最终需求的基本年均增长率，根据历史变化趋势设定，取值见附表 5；φ 是与 GDP 和居民消费有关的调整因子；$y_{res(3),2020}$、$y_{res(4),2020}$、$y_{res(5),2020}$ 和 $y_{res(6),2020}$ 分别为政府消费、固定资本形成总额、存货增加和出口的需求总量情景值。

附表 5　其他最终需求的历史趋势及情景值

单位：亿元(2000 年可比价)

最终需求	2007 年值	1992—2007 年趋势图	基本年均变化率/(%)	2020 年 BAU 和 S_{usual} 情景值*	2020 年 S_{slow} 情景值**
政府消费	23 489	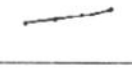	5.00	36 679	33 240
固定资本形成总额	79 060		11.00	231 679	209 982
存货增加	3998	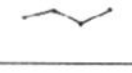	0.00	2984	2711
出口	79 021	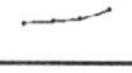	12.00	252 795	229 060

注：表中“元”为 2000 年可比价。2007 年值取自本文可比价投入产出表。“1992—2007 年趋势图”中从左至右的四个数据点分别为 1992 年、1997 年、2002 年和 2007 年的数据，数据点的高低表示值的大小，不同指标趋势线的高度不可比。“基本年均变化率”根据 1992—2007 年的变化趋势设定。由于从长期来看库存应保持稳定，因此“存货增加”的基本年均变化率设为 0.00%。* 调整因子 φ_{BAU} 和 φ_{usual} 为 0.756。** 调整因子 φ_{slow} 为 0.685。

④ 国内产品最终需求类型结构情景值

首先，将附表 4 和附表 5 的结果汇总，得到各类最终需求总量向量

Y_{res}的情景值。其次，利用附表 3 的国内产品比重将 Y_{res} 调整为国内产品需求向量 $Y_{d,sum}$。最后，根据(式 26)计算国内产品最终需求类型结构 Y_{cat} 的情景值，见附表 6。

附表 6 国内产品最终需求类型结构情景值

单位：亿元(2000 年可比价)

最终需求	BAU 和 S_{usual} 情景值			S_{slow} 情景值		
	总需求 Y_{res}	国内产品需求 $Y_{d,sum}$	结构 Y_{cat} (无量纲)	总需求 Y_{res}	国内产品需求 $Y_{d,sum}$	结构 Y_{cat} (无量纲)
农村居民消费	30 256	29 320	0.041	31 370	30 371	0.045
城镇居民消费	179 373	173 135	0.245	173 839	167 847	0.255
政府消费	36 679	36 679	0.052	33 225	33 211	0.051
固定资本形成总额	231 679	212 027	0.300	209 902	192 115	0.295
存货增加	2984	2882	0.004	2709	2611	0.004
出口	252 795	252 795	0.358	229 113	229 063	0.351
合计	733 766	706 838	1.000	680 380	655 270	1.000

(4) 其他驱动因素

根据附图 2，消费性碳排放总量和最终需求部门结构变化 ΔY_{str} 对碳排放增长的影响极小，因此在情景分析时假定 R_{res} 和 Y_{str} 保持 2007 年的值不变。虽然投入产出结构变化 ΔL_d 在 2002—2007 年对碳排放增长有一定影响，但是该因素在 1992—2002 年时影响极小。另外，根据 Guan et al.(2008)对中国 2002—2030 年的分析，投入产出结构变化对未来碳排放的影响很小。基于上述原因，本文在情景分析时假定 L_d 保持 2007 年的值不变。